COMPAIXÃO

OSHO

COMPAIXÃO

O Florescimento Supremo do Amor

Tradução
Denise de C. Rocha Delela

**Editora
Cultrix**
SÃO PAULO

Título do original: *Compassion.*

Copyright © 2006 Osho International Foundation, Switzerland, www.osho.com.

Copyright da edição brasileira © 2007 Editora Pensamento-Cultrix Ltda.

1ª edição 2007.

4ª reimpressão 2017.

Os textos contidos neste livro foram selecionados de vários discursos que Osho proferiu durante mais de 30 anos. Todos os discursos foram publicados na íntegra em forma de livros, e estão disponíveis também na língua original em áudio. As gravações de áudio e os arquivos dos textos em língua original podem ser encontrados via online no site www.osho.com.

OSHO é uma marca registrada da Osho International Foundation, usada com a devida permissão e licença.

Quaisquer fotos, imagens ou arte final de Osho, pertencentes à Osho International Foundation ou vinculadas a ela por copyright e fornecidas aos editores pela OIF, devem conter uma permissão explícita da Osho Foundation International para seu uso.

Dados Internacionais de Catalogação na Publicação (CIP)
(Câmara Brasileira do Livro, SP, Brasil)

Osho, 1931 - 1990
      Compaixão : o florescimento supremo do amor / Osho; tradução Denise de C. Rocha Delela. — São Paulo : Cultrix, 2007.

      Título original: Compassion : the ultimate flowering of love
      ISBN 978-85-316-0962-6

      1. Amor — Aspectos religiosos 2. Compaixão — Aspectos religiosos 3. Espiritualidade 4. Vida espiritual I. Título.

06-9572   CDD - 299.93

Índices para catálogo sistemático:

1. Compaixão : Osho : Filosofia religiosa de natureza universal 299.93

Direitos de tradução para a língua portuguesa
adquiridos com exclusividade pela
EDITORA PENSAMENTO-CULTRIX LTDA.
Rua Dr. Mário Vicente, 368 — 04270-000 — São Paulo, SP
Fone: (11) 2066-9000 — Fax: (11) 2066-9008
E-mail: atendimento@editoracultrix.com.br
http://www.editoracultrix.com.br
que se reserva a propriedade literária desta tradução.
Foi feito o depósito legal.

A Compaixão só é possível com entendimento e consciência. Você não apenas respeita a outra pessoa, mas também atingiu o âmago mais profundo do seu ser. Quando consegue ver esse seu âmago mais profundo, você é capaz de ver também o âmago mais profundo da outra pessoa. O outro deixa de ser um corpo ou uma mente; ele existe como alma. E as almas não estão separadas; quando duas almas se encontram, elas são uma só. A compaixão é a mais elevada forma de amor.

SUMÁRIO

Prefácio

Nós sabemos o que é paixão; por isso não é muito difícil entender o que a compaixão poderia ser. Paixão significa um estado de febre biológica — ela é quente, você fica quase possuído por energias biológicas inconscientes. Você não é mais senhor de si mesmo, é só um escravo.

Compaixão significa que você transcendeu a biologia, que você transcendeu a fisiologia. Você não é mais um escravo, você se tornou um mestre. Agora você vive conscientemente. Não é mais dirigido, puxado para lá e para cá por forças inconscientes; você pode decidir o que quer fazer com as suas energias. Você é totalmente livre. Portanto, a mesma energia que se torna paixão é transformada em compaixão.

Paixão é luxúria, compaixão é amor. Paixão é desejo, compaixão é ausência de desejo. Paixão é ganância, compaixão é compartilhar. A paixão quer usar o outro como um meio, a compaixão respeita o outro como um fim em si mesmo. A paixão mantém você preso à terra, ao lodo, e você nunca se torna um lótus. A compaixão faz de você um lótus. Você começa a se elevar acima do mundo lodoso dos desejos, da ganância, da raiva. A compaixão é a transformação das suas energias.

Normalmente você vive disperso, fragmentado. Um pouco de energia é absorvida pela sua raiva, outro tanto é absorvido pela sua ganância, outro tanto pela sua luxúria e assim por diante. E existem tantos desejos à sua volta que você fica sem energia nenhuma; você acaba oco, vazio.

Lembre-se do que disse William Blake — há uma grande sabedoria nisto —; ele disse: "Energia é alegria". Mas não lhe resta nenhuma energia; toda a sua energia vive descendo pelo ralo. Quando todas essas energias não são mais desperdiçadas elas começam a encher o seu lago interior, o seu ser interior. Você fica repleto. Uma grande alegria brota em você. Quando começa a transbordar, você se torna um buda e passa a ser uma fonte inesgotável.

Só quando for um buda você provará o que é a compaixão. A compaixão é um amor sereno — não frio, veja bem — sereno. É um compartilhar da sua alegria com toda a existência. Você passa a ser uma bênção para si mesmo e uma bênção para toda a existência. Isso é compaixão. A paixão é uma maldição, a compaixão é uma bênção.

COMPAIXÃO, ENERGIA E DESEJO

Buda viveu durante quarenta anos depois de se tornar iluminado. Depois de todos os seus desejos terem acabado, o ego desaparecido, ele viveu mais quarenta anos. Muitas vezes lhe perguntaram, "Por que você ainda está no corpo?" Se toda a coisa acabou, você deveria desaparecer. Parece ilógico: Por que um Buda deveria viver num corpo por mais tempo? Se não existe desejo, como o corpo pode continuar?

Existe algo muito profundo a ser entendido. Quando o desejo desaparece, a energia que era direcionada para o desejo permanece; ela não pode desaparecer. O desejo é só uma forma de energia; é por isso que você pode transformar um desejo em outro. A raiva pode se tornar sexo, o sexo pode se tornar raiva. O sexo pode se tornar ganância, por isso sempre que você encontrar uma pessoa gananciosa verá que ela é menos sexual. Se ela for absolutamente gananciosa, ela não será nem um pouco sexual; será celibatária — porque toda a energia se transfere para a ganância. E se você encontrar uma pessoa muito sexual, descobrirá que ela não é gananciosa, pois não sobra energia nenhuma para a ganância. Se você conhece alguém que reprimiu a sexualidade, saiba que ela ficará com raiva; a raiva estará sempre prestes a vir à tona. Você pode ver isso nos olhos dela, no rosto dela; ela é pura raiva; toda a energia sexual se tornou raiva.

É por isso que os chamados monges e *sadhus* estão sempre com raiva. O jeito como eles andam mostra essa raiva; o jeito como olham para você mostra essa raiva. O silêncio desses monges é superficial — toque neles e eles ficarão com raiva. O sexo se torna raiva. O sexo e a raiva são as formas; a vida é a energia.

O que acontece quando todos os desejos desaparecem? A energia não pode desaparecer; a energia é indestrutível. Pergunte aos físicos; até eles dirão que a energia não pode ser destruída. Existia uma determinada energia em Gautama Buda quando ele se tornou iluminado. Essa energia estava sendo direcionada para o sexo, para a raiva, para a ganância, para milhões de coisas. Então todas essas formas desapareceram — e no que se transformou essa energia? A energia não pode simplesmente deixar de existir. E quando o desejo deixa de existir, ela passa a não ter forma, mas ainda assim existe. Então qual passa a ser a função dela? Essa energia se torna compaixão.

Você não pode sentir compaixão porque você não tem energia. Toda a sua energia está dividida, espalhada por aí, em diferentes formas — às vezes na forma de sexo, às vezes na forma de raiva, às vezes na forma de ganância. A compaixão não

O desejo tem uma motivação, um objetivo; a compaixão é imotivada; ela não tem nenhum objetivo. É simplesmente energia transbordante.

é uma forma. Só quando todos os desejos desaparecem a sua energia se torna compaixão.

Você não pode cultivar a compaixão. Quando você está sem desejo, a compaixão acontece; toda a sua energia se move para a compaixão. E esse movimento é muito diferente. O desejo tem uma motivação, um objetivo; a compaixão é imotivada; ela não tem nenhum objetivo. É simplesmente energia transbordante.

COMPAIXÃO É O AMOR QUE ATINGIU A MAIORIDADE

A ênfase que Gautama Buda deu à compaixão foi um novo fenômeno aos olhos dos antigos místicos. Gautama Buda criou uma linha divisória histórica nos separando do passado. Antes dele, bastava a meditação; ninguém enfatizava a compaixão junto com a meditação. E isso porque a meditação leva à iluminação, ao florescimento, à expressão suprema do ser — de que mais você precisa? No que concerne ao indivíduo, a meditação é suficiente. A grandeza do Buda está no fato de ele apresentar a compaixão até mesmo antes de você começar a meditar. Você precisa ser mais amoroso, mais bondoso, mais compassivo.

Existe uma ciência oculta por trás disso. Antes de se tornar iluminado, se você tiver um coração cheio de compaixão existe a possibilidade de que, depois da meditação, você ajude outras pessoas a atingir a mesma beleza, a mesma elevação, a mesma celebração que você atingiu. Gautama Buda faz o possível para que a iluminação seja contagiosa.

Mas, se a pessoa sente que voltou para casa, por que ela vai se importar com os outros? Buda, pela primeira vez, faz da iluminação um ato de desprendimento; ele faz com que ela passe a ser uma responsabilidade social. Trata-se de uma grande mudança de perspectiva. Mas a compaixão precisa se aprendida antes que a iluminação aconteça. Se não for aprendida antes, depois da iluminação não haverá nada para aprender. Se a pessoa ficar muito extasiada em si mesma, até a compaixão vai parecer um obstáculo para a sua alegria, vai ser um tipo de perturbação em seu êxtase. É por isso que existem centenas de pessoas iluminadas, mas tão poucos mestres.

Ser iluminado não significa necessariamente que você se tornou um mestre. Tornar-se um mestre significa que você tem uma imensa compaixão e se sente envergonhado de entrar sozinho nos belos espaços que a iluminação lhe franqueia. Você quer ajudar as pessoas que estão cegas, tateando na escuridão, em busca de um caminho. Ajudá-las passa a ser uma alegria, não um incômodo. Na verdade, quando você vê tantas pessoas florescendo à sua volta o seu êxtase fica mais profundo; você não é uma árvore solitária que floriu numa floresta onde mais nenhuma outra árvore floriu. Quando toda a floresta florir com você, a alegria se multiplicará; você aproveita a sua iluminação para causar uma revolução neste mundo.

Gautama Buda não é só um ser iluminado, ele é um revolucionário iluminado. A preocupação dele com o mundo, com as pessoas, é imensa! Ele ensinava aos discípulos que, quando você medita e sente silêncio, serenidade, uma alegria profunda borbulhando dentro do seu ser, não deve guardar isso só para si; ofereça isso ao mundo todo! E não fique preocupado, pois, quanto mais você der, mais será capaz de dar. O gesto de dar passa a ter uma enorme importância depois que você descobre que ele não tira nada de você; muito pelo contrário, ele multiplica as suas experiências. Mas a pessoa que nunca sentiu compaixão não conhece o segredo de dar, não conhece o segredo de compartilhar.

Aconteceu com um dos discípulos de Buda, um leigo — ele não era um saniasin, mas era muito devotado a Gautama Buda. Ele disse, "Eu farei o que disse... mas com uma exceção. Eu darei toda a minha alegria, toda a minha meditação e todos os meus tesouros interiores ao mundo inteiro — exceto ao meu vizinho, pois ele é um sujeito realmente insuportável!".

Os vizinhos são sempre inimigos. Gautama Buda disse a ele: "Então esqueça o mundo e dê apenas ao seu vizinho".

O homem não entendeu, "O que está dizendo?"

Buda disse, "Só quando der ao seu vizinho você ficará livre dessa atitude antagonista com relação ao ser humano".

Compaixão significa, basicamente, aceitar as fragilidades, as fraquezas das pessoas, sem esperar que elas se comportem como deuses. Essa expectativa é crueldade, porque elas não serão capazes de se comportar como deuses e cairão no seu conceito, além de perder o respeito por si mesmas. Você as prejudica de um modo perigoso, tira a dignidade delas.

Um dos conceitos básicos da compaixão é exaltar todas as pessoas, conscientizar todas de que o que aconteceu com você pode acontecer com elas; que ninguém é um caso perdido, ninguém é pouco merecedor, que a iluminação não é algo que seja preciso merecer; ela é a própria natureza do seu ser.

Mas essas palavras têm de vir de uma pessoa iluminada; só assim elas despertarão confiança. Se vierem de eruditos não-iluminados, não despertarão confiança. A palavra, quando pronunciada por um homem iluminado, passa a respirar, passa a ter uma pulsação. Ela se torna viva, entra direto no coração — não é simplesmente uma ginástica intelectual. Mas com o erudito a coisa é diferente. Ele próprio não tem muita certeza do que está falando, do que está escrevendo. Ele está na mesma incerteza que você.

Gautama Buda é um dos marcos na evolução da consciência; a contribuição que ele fez é enorme, imensurável! E, dessa

Compaixão significa, basicamente, aceitar as fragilidades, as fraquezas das pessoas, sem esperar que elas se comportem como deuses. Essa expectativa é crueldade.

contribuição, a idéia da compaixão é a mais essencial. Mas você tem de se lembrar que só porque é compassivo você não se torna mais elevado; se não se lembrar você estraga tudo. A coisa passa a ser uma viagem do ego. Lembre-se de não humilhar as outras pessoas demonstrando compaixão; do contrário você não estará sendo compassivo — por trás das palavras, você estará adorando vê-las humilhadas.

A compaixão tem de ser compreendida, porque ela é o amor que atingiu a maioridade. O amor comum é muito infantil, é um joguinho divertido para adolescentes. Quanto mais rápido você superar esse amor, melhor, pois o seu amor é uma força biológica cega. Ele não tem nada a ver com crescimento espiritual. É por isso que os casos de amor se tornam uma coisa estranha, ficam extremamente amargos. Era tudo tão sedutor, tão excitante, tão desafiador, que por esse romance você poderia até morrer... agora você pode até morrer, mas não por ele — você pode morrer para se livrar dele!

O amor é uma força cega. Os únicos amantes bem-sucedidos são aqueles que nunca conseguiram ficar com a pessoa amada. Todas aquelas grandes histórias de amor... Laila e Majnu, Shiri e Farhad, Soni e Mahival, três histórias orientais de grande amor, comparáveis a Romeu e Julieta. Mas nenhum desses grandes amantes conseguiu acabar juntos. A sociedade, os pais, tudo era um obstáculo. E eu acho que isso talvez tenha sido bom. Depois que os amantes se casam, não resta mais nenhuma história de amor.

Majnu teve sorte de nunca ter ficado com Laila. O que acontece quando duas forças cegas se encontram? Como as duas são cegas e inconscientes, o resultado não pode ser lá muito harmonioso. Ele só pode ser um campo de batalha de dominação, de humilhação, de todo tipo de conflito.

Mas, quando a paixão passa a ficar alerta e consciente, toda a energia do amor atinge um aprimoramento; torna-se compaixão. O amor é sempre dirigido a uma pessoa, e o seu desejo mais profundo é possuir essa pessoa. O mesmo vale para a outra pessoa — e isso torna a vida um inferno para ambas.

A compaixão não é dirigida a ninguém. Não é um relacionamento, é simplesmente o seu próprio ser. Você fica feliz em ter compaixão pelas árvores, pelos pássaros, pelos animais, pelos seres humanos, por todo mundo — incondicionalmente, sem pedir nada em troca. Compaixão é libertação da biologia cega.

> Quando a paixão passa a ficar alerta e consciente, toda a energia do amor atinge um aprimoramento; torna-se compaixão.

Antes de se tornar iluminado, você precisa ficar alerta para que a sua energia de amor não seja reprimida. É isso o que as antigas religiões vêm fazendo: elas ensinam você a condenar as expressões biológicas do seu amor. Aí você reprime a sua energia de amor... e é essa energia que pode ser transformada em compaixão!

Com a condenação, não existe nenhuma possibilidade de transformação. Por isso os seus santos são absolutamente destituídos de compaixão; nos olhos deles você não vê nenhuma compaixão. Eles são secos, não têm nenhum sumo. Viver com um santo durante 24 horas é suficiente para saber como é o

> Viver com um santo durante 24 horas é suficiente para saber como é o inferno. Talvez as pessoas tenham consciência desse fato, por isso elas tocam os pés dos santos e correm dali imediatamente.

inferno. Talvez as pessoas tenham consciência desse fato, por isso elas tocam os pés dos santos e correm dali imediatamente.

Um dos maiores filósofos da nossa era, Bertrand Russell, declarou enfaticamente: "Se o céu e o inferno existem, eu quero ir para o inferno". Por quê? Só para evitar os santos, porque o céu vai estar cheio desses santos mortos, apáticos, desinteressantes. E Bertrand Russell pensava, "Eu não vou tolerar a companhia deles nem por um minuto. Como imaginar toda a eternidade, para sempre, passada em meio a esses cadáveres, que não conhecem o amor, não conhecem a amizade, que nunca tiram um dia de folga...!?"

O santo continua santo durante os sete dias da semana. Ele não tem permissão para gozar a sua condição de ser humano nem mesmo em um dia da semana, no domingo. Não, ele tem de ficar ali rígido, duro, e essa rigidez fica cada vez pior à medida que o tempo passa.

A opção de Bertrand Russell de ficar no inferno me agrada muito, porque eu posso entender o que ele quer dizer com isso. Ele está dizendo que no inferno você vai encontrar todas as grandes figuras deste mundo — os poetas, os pintores, os espíritos rebeldes, os cientistas, as pessoas criativas, os dançarinos, os atores, os cantores, os músicos. O inferno deve ser um verdadeiro paraíso, porque o céu é um verdadeiro inferno!

As coisas desandaram e isso aconteceu basicamente porque a energia de amor está sendo reprimida. A contribuição de

Gautama Buda é: "Não reprima a sua energia de amor. Aprimore-a e use a meditação para aprimorá-la". Então, lado a lado, à medida que a meditação se desenvolve, ela continua a aprimorar a sua energia de amor, transformando-a em compaixão. E antes que a sua meditação atinja o seu mais elevado clímax e exploda numa belíssima experiência de iluminação, a compaixão já estará muito próxima. Ela possibilitará que a pessoa iluminada deixe as suas energias fluírem — e agora ela tem toda a energia do mundo — pelas raízes da compaixão, para qualquer pessoa que estiver pronta para receber. Só esse tipo de pessoa se torna um mestre.

Tornar-se iluminado é simples, mas tornar-se um mestre é um fenômeno extremamente complexo, pois é preciso meditação mais compaixão. Só meditação é fácil, só compaixão é fácil; mas as duas juntas, desenvolvendo-se simultaneamente, passa a ser uma questão complexa.

Mas as pessoas que se tornam iluminadas e nunca compartilham essa experiência, porque não sentem compaixão, não ajudam a evolução da consciência na Terra. Elas não elevam o nível da humanidade. Só os mestres conseguem elevar a consciência. Por menor que seja a consciência que você tem, todo o crédito é dos poucos mestres que conseguiram continuar compassivos mesmo depois de atingir a iluminação.

Não será fácil para você entender... mas a iluminação é tão absorvente que a pessoa tende a esquecer o mundo inteiro. Ela fica de tal modo satisfeita que não resta nenhum espaço para pensar em todos os milhões de pessoas que estão tateando no escuro, em busca da mesma experiência, conscientemente ou não, do modo certo ou errado. Quando a compaixão continua presente, é impossível esquecer essas pessoas. Na verdade, esse é o momento em que você tem algo a dar, tem algo a compartilhar. E compartilhar é uma alegria tão grande! Você aprendeu por meio da compaixão, gradativamente, que quanto mais compartilha, mais você tem. Se você conseguir compartilhar a sua iluminação também, ela será muito mais rica, muito mais vibrante, terá um ar muito maior de celebração e muitas outras dimensões.

A iluminação pode ser unidimensional — é isso o que acontece com muitas pessoas. Ela as deixa satisfeitas e elas desaparecem na fonte universal. Mas a iluminação pode ser multidimensional, pode trazer muitas flores para este mundo. E você possui algo para o mundo porque todos somos filhos e filhas desta Terra.

Eu me lembro das palavras de Zaratustra: "Nunca traia a Terra. Mesmo no ápice da sua glória, não se esqueça da Terra; ela é a sua mãe. E não se esqueça das pessoas. Elas podem ser um estorvo, podem ser seus inimigos. Podem tentar de todas as maneiras destruir você; já podem tê-lo crucificado, apedrejado até a morte ou envenenado — mas não se esqueça delas. Seja o que for que tenham feito, fizeram em estado inconsciente. Se você não perdoá-las, quem vai fazer isso? E o seu ato de perdão vai enriquecê-lo imensuravelmente".

Só preste atenção para não dar força a nada que vá contra a compaixão. Ciúme, competição, tentativa de dominar — tudo isso vai contra a compaixão. E quando fizer uma dessas coisas você perceberá no mesmo instante, porque a sua compaixão vai começar a vacilar. No momento em que você sentir a compaixão fraquejando, deve estar fazendo algo que vai contra ela. Você pode envenenar a sua compaixão com coisas estúpidas, que não servem para nada a não ser provocar ansiedade, angústia, brigas, além de ser um total desperdício da sua vida tão preciosa.

Uma bela história para você:

Paddy foi para casa uma hora mais cedo do que de costume e encontrou a mulher nua na cama. Quando ele perguntou o que ela estava fazendo ali nua, ela explicou: "Eu estou protestando porque não tenho roupas bonitas para usar".

Paddy abriu a porta do guarda-roupa. "Isso é ridículo!", disse ele. "Olhe aqui. Você tem um vestido amarelo, um vestido vermelho, um vestido estampado, um terninho... Oi, Bill!" Então continuou, "Um vestido verde..."

Isso é compaixão! Compaixão pela esposa, compaixão por Bill. Nenhum ciúme, nenhuma briga, apenas "Oi, Bill! Como você vai?". O marido nem sequer pergunta, "O que você está fazendo no meu guarda-roupa?"

A compaixão é muito compreensiva. É a mais pura compreensão que um homem pode ter.

O homem de compaixão não se deixa perturbar pelas mesquinharias da vida, que acontecem a todo momento. Só quando age assim você está ajudando, de modo indireto, as suas energias de compaixão a se acumular, a se cristalizar, a ficar mais fortes e a continuar aumentando com a meditação. Então, quando chega o momento bem-aventurado, quando você está cheio de luz, haverá pelo menos uma companhia — a compaixão. E imediatamente um novo estilo de vida... porque agora você tem tanto que pode abençoar o mundo todo.

Embora Gautama Buda tenha evitado ao máximo, por fim ele teve de fazer uma divisão, uma categorização entre os discípulos. Uma categoria ele chamou de *arhatas*; eram pessoas iluminadas, mas sem compaixão. Elas colocavam toda a energia que tinham na meditação, mas não ouviam o que Buda dizia sobre a compaixão. E o outro grupo ele chamou de *bodhisattvas*; estes ouviam a mensagem de Buda sobre a compaixão. Eles eram iluminados com compaixão, por isso não tinham pressa de chegar à outra margem; eles preferiam se demorar nesta margem de cá, com todas as suas dificuldades, para ajudar as pessoas. O barco deles chegou e talvez o capitão tenha dito, "Não percam tempo! Chegou a hora de ir para a outra margem, que vocês buscaram a vida inteira". Mas eles convenceram o capitão a se demorar mais um pouco, para que pudessem compartilhar a alegria que sentiam, a sua sabedoria, a sua luz, o amor por todas as pessoas que buscavam o mesmo que eles. Isso fez com que as pessoas passassem a confiar neles: "Sim, existe uma outra margem, e quando a pessoa está madura um barco vem para levá-la para essa outra margem. Existe uma margem dos imortais, onde não existe sofrimento, onde a vida é simplesmente uma canção e uma dança a todo momento. Mas deixem-nos pelo menos dar a essas pessoas um gostinho dessa margem antes de deixar este mundo".

E os mestres tentam se agarrar de todas as maneiras a alguma coisa para não serem arrastados para a outra margem. De acordo com Buda, a compaixão é o melhor artifício, porque em última análise ela é também um desejo. A idéia de ajudar alguém é também um desejo, e enquanto você tiver um desejo não poderá ser levado para a outra margem. Ela é um fio muito tênue que o mantém preso a este mundo. Tudo mais já se soltou, as correntes já se romperam — com exceção de um fiozinho de amor. Mas a ênfase de Buda está na idéia de se agarrar a esse fiozinho tanto quanto possível; quanto mais pessoas você puder ajudar melhor.

A sua iluminação não deve ter um motivo egoísta, não deve ser só para você; ela deve ser compartilhada ao máximo, com tantas pessoas quanto for possível. Essa é a única maneira de elevar a consciência na Terra — que deu a você a vida, que deu a você a chance de se tornar iluminado.

Esse é o momento de dar em troca alguma coisa, embora você não possa retribuir tudo o que a vida lhe deu. Só pode retribuir com uma coisa — só duas flores — em sinal de gratidão.

MEDITAÇÃO A FLOR, COMPAIXÃO A FRAGRÂNCIA

Meditação é a flor e compaixão é a fragrância.

É exatamente assim que acontece. A flor desabrocha e a fragrância se espalha ao vento em todas as direções, chegando até os confins da Terra. Mas o principal é o desabrochar da flor.

O ser humano também carrega dentro dele uma potencialidade para o florescimento. Até e ao menos que o ser interior do homem floresça, a fragrância da compaixão não é possível. A compaixão não pode ser praticada. Ela não é uma disciplina. Você não pode controlá-la. Ela está além de você. Se meditar, um dia, de repente, você se dará conta de um novo fenômeno, absolutamente desconhecido — de dentro do seu ser, a compaixão está fluindo para toda a existência. Indiretamente, sem destinatário, ela avança até os confins da existência.

Sem meditação, a energia continua sendo paixão; com meditação, a mesma energia torna-se compaixão. Paixão e compaixão não são duas energias diferentes, elas são a mesma energia. Depois que passa pela meditação, ela é transformada, transfigurada; torna-se qualitativamente diferente. A paixão se move para baixo, a compaixão se move para cima; a paixão passa pelo desejo, a compaixão passa pela ausência de desejo; a paixão é uma ocupação para esquecer as misérias que você vive, a compaixão é uma celebração, é uma dança de sintonização, de plenitude... você está tão pleno que pode compartilhar. Nada mais resta; você cumpriu o destino que estava carregando há milênios dentro de você como uma potencialidade não-desabrochada, apenas um botão. Agora o botão se abriu e está dançando. Você atingiu, está realizado, não há mais o que atingir, nenhum lugar onde chegar, nada a fazer.

Agora o que acontecerá com a energia? Você começa a compartilhar. A mesma energia que estava passando pelas camadas

Sem meditação, a energia continua sendo paixão; com meditação, a mesma energia torna-se compaixão. Paixão e compaixão não são duas energias diferentes, elas são a mesma energia.

escuras da paixão, agora está ascendendo com os raios de luz, sem nenhum vestígio de desejo, sem nenhum vestígio de condicionamento. Não corrompida por nenhuma motivação — por isso eu a chamo de fragrância. A flor é limitada, mas não a fragrância. A flor tem limitações; as suas raízes estão presas num cativeiro. Mas a fragrância não tem cativeiro. Ela simplesmente passa, acompanha o vento; não tem amarras neste mundo.

A meditação é uma flor. Ela tem raízes. Ela existe em você. Quando surge a compaixão, ela não tem raízes; simplesmente se move e continua se movendo. Buda desapareceu, mas não a compaixão dele. A flor morrerá cedo ou tarde — ela é parte da Terra e o pó voltará a ser pó —, mas a fragrância que foi exalada continuará existindo para todo o sempre. Buda se foi, Jesus se foi, mas não a fragrância deles. A compaixão desses homens continua existindo e quem quer que se abra para ela imediatamente sentirá o seu impacto, será tocado por ela, será conduzido a uma nova jornada, a uma nova peregrinação.

A compaixão não se limita à flor — ela vem da flor, mas não é da flor. Ela vem por meio da flor, que é só uma passagem. Na verdade, a compaixão vem de muito além. Ela não pode surgir sem a flor — a flor é um estágio necessário —, mas não pertence à flor. Depois que a flor desabrocha, a compaixão é exalada.

Essa insistência, essa ênfase, tem de ser muito bem entendida, pois do contrário você pode começar a praticar uma compaixão que não é a fragrância de verdade. A compaixão praticada é simplesmente a mesma paixão com outro nome. Trata-se da mesma energia contaminada pelo desejo e corrompida pela motivação e pode se tornar muito perigosa para as outras pessoas — porque em nome da compaixão você pode destruir, em nome da compaixão você pode criar servidão. Não se trata de compaixão, e se praticá-la você será artificial, formal — na verdade, hipócrita.

A primeira coisa a se lembrar é que a compaixão não pode ser praticada. É nesse ponto que todos os seguidores de todos os grandes mestres religiosos se perdem. Buda atingiu a compaixão por meio da meditação — agora os budistas continuam praticando a compaixão. Jesus atingiu a compaixão por meio da meditação — agora os cristãos, os missionários cristãos, continuam praticando o amor, a compaixão, o serviço à humanidade, mas a compaixão dessas pessoas revelou ser uma força muito destrutiva neste mundo. Essa compaixão só criou guerras; essa compaixão destruiu milhões de pessoas. Elas acabaram profundamente aprisionadas.

A compaixão liberta você, dá a você liberdade, mas essa compaixão só vem por meio da meditação, não existe outro jeito. Buda disse que a compaixão é um subproduto, uma conseqüência. Você não pode causar a conseqüência diretamente; precisa fazer alguma coisa, precisa produzir a causa, e o efeito vem em seguida. Por isso, se você quer mesmo entender o que é compaixão, tem de entender também o que é meditação. Esqueça tudo sobre a compaixão; ela surge espontaneamente.

Procure entender o que é meditação. A compaixão pode servir como critério, quer a meditação esteja certa ou não. Se a meditação estiver certa, a compaixão certamente vai brotar — ela é natural; é como uma sombra. Se a meditação estiver errada, a compaixão não vai brotar. Portanto a compaixão pode servir como critério para descobrir se a meditação está realmente

> Se você quer mesmo entender o que é compaixão, tem de entender também o que é meditação. Esqueça tudo sobre a compaixão; ela surge espontaneamente.

certa ou não. E a meditação pode estar errada. As pessoas têm a idéia equivocada de que toda meditação está correta. Não é verdade. A meditação pode estar errada. Por exemplo, qualquer meditação que leve você à concentração profunda está errada — ela não resultará em compaixão. Você ficará cada vez mais fechado, em vez de se tornar mais aberto. Se você estreita o foco da sua consciência, concentra-se em algo, e exclui o resto da existência e se direciona para um só ponto, isso criará cada vez mais tensão em você. Por isso a palavra "atenção", que significa "em tensão". Concentração, o próprio som da palavra provoca em você o sentimento de tensão.

A concentração tem as suas utilidades, mas não é meditação. No estudo científico, na pesquisa científica, no laboratório de ciências, você precisa de concentração. Você tem de se concentrar num problema e excluir todo o resto — excluir a tal ponto que você fica praticamente alheio ao resto do mundo. O seu mundo se resume no problema em que você está concentrado. É por isso que os cientistas ficam tão distraídos. As pessoas que se concentram demais sempre acabam distraídas porque elas não sabem como ficar abertas para o mundo todo.

Eu estava lendo uma piada:

"Eu trouxe um sapo", disse o professor de zoologia, exultante diante da classe. "Foi tirado agorinha mesmo do lago, para que possamos estudar a sua aparência externa e depois dissecá-lo."

Ele desembrulhou cuidadosamente o pacote que trazia consigo; dentro havia um sanduíche de presunto preparado com cuidado. O bom professor olhou o sanduíche consternado.

"Que estranho! Eu me lembro de ter comido o meu almoço."

É isso o que acontece com os cientistas. Eles se tornam unidirecionados e toda a mente se estreita. Claro, a mente estreita tem a sua utilidade; ela fica mais perspicaz, fica como uma agulha pontuda, atinge exatamente o ponto, mas não repara na vida grandiosa em torno dela.

Um buda não é um homem de concentração, ele é um homem de consciência. Ele não está tentando estreitar a sua consciência; pelo contrário, está tentando saltar todas as barreiras, para ficar totalmente disponível para a existência. Observe... a existência é simultânea. Eu estou falando aqui e o barulho do trânsito é simultâneo. O trem, os pássaros, o vento soprando por entre as árvores — neste instante toda a existência converge. Você está me ouvindo, eu estou falando com você e milhões de coisas estão acontecendo — é extremamente rico!

A concentração faz com que você convirja para um único ponto e o preço disso é muito alto: Noventa por cento da vida é descartada. Se você está resolvendo um problema matemático, não pode ouvir os pássaros — eles serão uma distração. As crianças brincando em volta, os cães latindo na rua — serão uma distração. Por causa da concentração, as pessoas tentam fugir da vida — vão para o Himalaia, vão para uma caverna, buscam o isolamento para poder se concentrar em Deus. Mas Deus não é um objeto. Deus é essa totalidade de existência, deste momento; Deus é a totalidade. É por isso que a ciência nunca conseguirá conhecer a divindade. O próprio método da ciência é a concentração e por causa desse método a ciência nunca poderá conhecer o divino.

Ela pode conhecer mais e mais detalhezinhos. Primeiro pensavam que a molécula era a menor partícula que existia, depois ela foi dividida. Depois uma parte mais minúscula ainda, o átomo, foi descoberta. Então os métodos de concentração o dividiram também. Agora existem os elétrons, os prótons, os nêutrons — cedo ou tarde eles acabarão sendo divididos também. A ciência avança do pequeno para o menor ainda, e o maior, o vasto, fica completamente esquecido. O todo é completamente esquecido em favor da parte. A ciência nunca conhecerá a divindade por causa da concentração. Portanto, quando as pessoas me procuram e dizem, "Osho, ensine-nos a concentração, queremos conhecer o divino", eu fico simplesmente perplexo. Elas não entendem os fundamentos básicos da busca.

A ciência é unidirecionada; a busca é objetiva. Religiosidade é simultaneidade; o objeto é o todo, o total. Para conhecer o total, você terá de ter uma consciência que esteja aberta para todos os lados — não confinada, parada numa janela; do contrário a moldura da janela se tornará a moldura da existência. Fique simplesmente sob o sol, ao ar livre — isso é que é meditação. A meditação não tem moldura; ela não é uma janela, não é uma porta.

A meditação não é concentração, não é atenção — meditação é percepção.

Então o que fazer? Repetir um mantra, fazer meditação transcendental não vai adiantar. A meditação transcendental passou a ser muito importante nos Estados Unidos por causa da abordagem objetiva, da mente científica. E é a única meditação que pode passar por uma pesquisa científica. Ela é concentração, não meditação, por isso é compreensível à mente científica. Nas universidades, nos laboratórios, na Psicologia tem-se feito muita pesquisa sobre a MT porque ela *não* é meditação. Ela é concentração, um método de concentração; cai na mesma categoria da concentração científica; existe uma ligação entre as duas.

Mas ela não tem nada a ver com meditação. A meditação é tão vasta, tão incrivelmente infinita, que nenhuma pesquisa científica é possível. Só a compaixão demonstrará se a pessoa chegou lá ou não. As ondas alfas não servirão para muita coisa, porque elas ainda vêm da mente e a meditação não vem — ela é algo muito além.

Então deixe-me acrescentar algumas informações básicas. Primeiro, meditação não é concentração, mas relaxamento — a pessoa simplesmente relaxa em si mesma. Quanto mais você relaxa, mais se sente aberto, vulnerável. Você fica menos rígido, mais flexível — e de repente a existência começa a penetrar em você. Você deixa de ser como uma rocha e passa a ter aberturas. Relaxamento significa deixar-se ficar num estado em que você não está fazendo nada, pois se estiver fazendo alguma coisa a tensão vai continuar. Trata-se de um estado de não-fazer. Você simplesmente relaxa e aprecia a sensação de relaxamento. Relaxe em si mesmo, feche os olhos e ouça tudo o que está acontecendo à sua volta. Não precisa sentir nada como distração. No momento em que você sente que algo é uma distração, você está negando o divino. Este momento chega até você como um pássaro. Não o afugente! O divino bate à sua porta como um pássaro. O momento seguinte chega na forma de um cachorro latindo ou de uma criança chorando e soluçando ou de um maluco dando risada. Não negue; não rejeite.

>
>
> A ciência é unidirecionada; a busca é objetiva. Religiosidade é simultaneidade; o objeto é o todo, o total. Para conhecer o total, você terá de ter uma consciência que esteja aberta para todos os lados.

Aceite — porque, se negar alguma coisa, você vai ficar tenso. Todas as negações geram tensão. Aceite. Se você quer relaxar, a aceitação é o caminho. Aceite qualquer coisa que acontecer em volta; deixe que ela se torne um todo orgânico. Saiba você ou não, tudo está inter-relacionado. Estes pássaros, estas árvores, este céu, este sol, esta terra, você, eu — tudo está relacionado. É uma unidade orgânica. Se o sol desaparecer, as árvores também vão desaparecer. Se as árvores desaparecerem, os pássaros também vão desaparecer. Se os pássaros e as árvores desaparecem, você não poderá estar aqui; vai desaparecer também. É uma ecologia. Tudo está profundamente relacionado com todo o resto. Portanto, não negue coisa nenhuma, pois no momento em que negar você estará negando algo em você. Se você nega esses pássaros cantando, então algo dentro de você está sendo negado.

>
>
> Se você quer relaxar, a aceitação é o caminho. Aceite qualquer coisa que acontecer em volta; deixe que ela se torne um todo orgânico. Saiba você ou não, tudo está inter-relacionado.

Se você nega, rejeita, se se sente distraído ou zangado, você está rejeitando alguma coisa dentro de você. Simplesmente ouça os pássaros novamente, sem se sentir distraído ou com raiva, e de repente perceberá você que o pássaro dentro de você responde. Então aqueles pássaros não estarão ali como estranhos, intrusos — subitamente toda a existência se torna uma família. Ela é, e eu considero uma pessoa religiosa quando ela passa a entender que toda a existência é uma família. Ela pode não freqüentar nenhuma igreja, pode não prestar culto em nenhum templo, pode não rezar em nenhuma mesquita ou *gurudwara* — não importa, isso é irrelevante. Se você faz isso, ótimo, tudo bem; se não faz, melhor ainda. Mas a pessoa que compreendeu a unidade orgânica da existência vive constantemente num templo, vive constantemente diante do sagrado e do divino.

Mas, se você está recitando algum mantra idiota, vai achar que os pássaros são idiotas. Se está repetindo alguma bobagem dentro de você ou pensando em alguma trivialidade — você pode chamar isso de filosofia, religião —, então os pássaros vão se tornar uma distração. Os sons que eles fazem são simplesmente divinos. Eles não dizem nada, ficam simplesmente borbulhando de felicidade. O canto deles não tem outro significado que não seja um transbordamento de energia. Eles querem compartilhar com a existência, com as árvores, com as flores, com você. Eles não têm nada a dizer; estão simplesmente ali, sendo eles mesmos.

Se relaxar, você aceita; a aceitação da existência é o único meio de relaxar. Se pequeninas coisas perturbam você, então é a sua atitude que o está perturbando. Sente-se em silêncio; ouça tudo o que está acontecendo à sua volta e relaxe. Aceite, relaxe — e de repente você vai sentir uma energia imensa brotando dentro de você. Essa energia será percebida primeiramente como uma respiração mais profunda. Normalmente a respiração é muito superficial e às vezes, quando tenta fazer respirações mais profundas, você começa a fazer exercícios de yoga com a respiração, forçando algo, você faz um esforço. Esse esforço não é necessário. Você simplesmente aceita a vida, relaxa e de repente sente que a respiração está ficando mais profunda. Relaxe mais e a respiração vai ficando cada vez mais profunda dentro de você. Ela fica lenta, ritmada, e você consegue quase saboreá-la; ela provoca um certo prazer. Aí você se dá conta de que a respiração é uma ponte entre você e o todo.

Só observe. Não faça nada. E quando eu digo observe, não *tente* observar, do contrário você voltará a ficar tenso e começará a se concentrar na respiração. Simplesmente relaxe, continue relaxado, solte-se e olhe... afinal o que mais você pode fazer? Você está ali, nada para fazer, tudo devidamente aceito, nada para negar, rejeitar, nenhuma briga, nenhuma luta, nenhum conflito, a respiração ficando mais profunda — o que você pode fazer? Simplesmente observar. Lembre-se, simplesmente observar. Não se esforce para observar. Isso é o que Buda chamava de *vipassana* — a observação da respiração, a consciência da respiração. Ou *satipatthana* — lembrando, ficando atento à energia vital que se movimenta na respiração. Não tente respirar fundo, não tente inspirar ou expirar, não faça nada — você simplesmente relaxa e deixa a respiração natural — o ar entrando e saindo sem que você interfira — e muitas coisas começarão a se disponibilizar a você.

A primeira coisa é que a respiração pode ser considerada de duas maneiras, porque ela é uma ponte. Uma parte dela se liga a você, a outra parte se liga à existência. Portanto, ela pode ser entendida de duas maneiras. Você pode considerá-la como uma coisa voluntária. Se você quer inspirar profundamente, pode fazer isso; se quiser expirar profundamente, também pode. Você pode fazer coisas com a respiração. Uma parte dela está ligada a você. Mas, se você não fizer nada, ela continuará do mesmo jeito. Você não precisa fazer nada para que ela continue. Ela também é involuntária.

A outra parte da respiração está ligada à própria existência. Você pode pensar nela como se você estivesse inspirando a existência, respirando-a, ou pode pensar de maneira oposta — que a existência está respirando você. E essa outra maneira tem de ser compreendida porque é ela que vai levá-lo a um profundo relaxamento. Não é você que está respirando, é a existência que está respirando você. É uma mudança na gestalt, e ela acontece naturalmente. Se você continuar relaxando, aceitando tudo, relaxando em si mesmo, pouco a pouco você se dá conta de que não é você que está respirando — a respiração está acontecendo por si só. E com tanta elegância! Com tanta dignidade! Com tanto ritmo! Num ritmo tão harmonioso! Quem está respirando? A existência está respirando você. Ela entra em você e sai de você. A cada momento ela rejuvenesce você, a cada momento faz com que você viva, uma vez, e outra, e outra.

De repente você começa a ver a respiração como um acontecimento... e é assim que a meditação deve evoluir. E isso você pode fazer em qualquer lugar, até na praça do mercado, porque esse barulho também é divino. E, se você ouvir em silêncio, até na praça do mercado você verá uma certa harmonia no barulho. Ele deixa de ser uma distração. Você pode ver muitas coisas se ficar em silêncio — ondas gigantescas de energia movimentando-se em todo lugar. Depois que você aceita, começa a senti-las aonde quer que vá.

O pássaro não é importante, mas você sentirá algo extremamente grandioso, sentirá algo sagrado, algo luminoso, algo misterioso. Um milagre está sempre acontecendo à sua volta, mas você continua não percebendo.

Depois que a meditação se instala em você e você entra no ritmo da existência, a compaixão é uma conseqüência. De repente você sente que caiu de amores pelo todo e que o outro não é mais o outro — no outro você também vive. E a árvore não é mais simplesmente "aquela árvore"; de alguma forma ela está relacionada com você. Tudo se torna inter-relacionado. Você toca uma folha de grama e é tocado por todas as estrelas, pois tudo está relacionado. Não poderia ser de outra forma. A existência é orgânica. Ela é uma só. É uma unidade.

Como não estamos conscientes, nós não vemos o que continuamos fazendo com nós mesmos. Uma coisa acontece e outra coisa que nunca pensamos que estivesse relacionada com as estrelas acontece também.

Outra noite eu estava lendo sobre o olfato. A sensação, a capacidade de sentir cheiros quase desapareceu do ser humano. Os animais têm um olfato muito aguçado. O cavalo pode sentir um cheiro a quilômetros. O cão tem um olfato muito mais desenvolvido do que o homem. Só pelo cheiro o cachorro sabe que o dono está chegando e, depois de muitos anos, ele ainda consegue reconhecer o cheiro do dono. O homem já teria esquecido há muito tempo.

O que aconteceu com o olfato das pessoas? Que calamidade aconteceu com ele? Parece não haver nenhuma razão que explique por que o olfato foi tão reprimido. Nenhuma cultura, de lugar nenhum, reprimiu conscientemente esse sentido, mas ele foi reprimido. Foi reprimido por causa do sexo. Ora, toda a humanidade vive com o sexo profundamente reprimido — e o olfato está ligado ao sexo. Antes de cruzar, o cachorro cheira a fêmea e, a menos que ele sinta, lá no fundo, uma certa harmonia entre os corpos, ele não cruza. Só depois que os cheiros combinam é que ele sabe que os corpos estão em sintonia e que eles podem se misturar, tornar-se uma canção — nem que seja por um instante, a unidade é possível.

Como o sexo tem sido reprimido no mundo inteiro, o olfato também foi. A própria palavra passou a ser meio condenatória. Se eu lhe digo, "Você está ouvindo?" ou "Você está enxergando?", você não se sente ofendido. Mas se eu digo, "Você está cheirando?", você não devia se sentir ofendido, pois trata-se da mesma linguagem. O olfato é uma capacidade; assim como a visão e a audição, o olfato é uma capacidade. Quando eu pergunto, "Você está cheirando?", a pessoa fica ofendida porque ela se esquece de que estou falando de uma capacidade, não estou fazendo uma condenação.

Existe uma famosa historieta sobre um pensador inglês, o dr. Johnson. Ele estava viajando numa diligência, quando uma dama entrou e disse a ele, "o senhor está cheirando!"

Mas ele era um homem de línguas, de letras, um gramático. Então disse, "Não, madame. A senhorita está cheirando. Eu estou fedendo!"

O olfato é uma capacidade. "Você está cheirando, eu estou fedendo." Lingüisticamente, ele está correto. É assim que deve ser se você seguir a gramática. Mas a própria palavra se tornou condenatória. O que aconteceu com o olfato? Depois que você reprime o sexo, o sentido do olfato é reprimido. Um sentido fica completamente mutilado — e se você mutila um sentido, uma parte da sua mente fica mutilada também. Se você tem cinco sentidos, então o cérebro tem uma parte que corresponde a cada um deles. Uma quinta parte do cérebro fica mutilada e você nunca chega a conhecê-la. Isso significa que uma quinta parte da sua vida está mutilada. As implicações são enormes. Se você mexe com uma coisinha em algum lugar, isso afeta todo o conjunto.

Como o sexo é reprimido, o olfato também é, e por causa da repressão do sexo a respiração ficou mais superficial — porque, se você respira fundo, a sua respiração massageia o seu centro sexual. As pessoas me procuram e dizem, "Se respirarmos de verdade, nós nos sentiremos mais sexuais". Se você fizer amor com um parceiro, a sua respiração fica muito mais profunda. Se mantiver a respiração superficial, você não conseguirá chegar ao orgasmo. A respiração bate forte, lá no centro sexual; massageia o centro sexual a partir de dentro. Como o sexo é reprimido, e porque ele foi reprimido, as pessoas não conseguem meditar. Agora dê uma olhada no geral — que bobagem nós fizemos! Reprimindo o sexo, reprimimos a respiração — e a respiração é a única ponte entre você e o todo.

Gurdjieff está certo quando diz que quase todas as religiões se comportam de um modo que parecem que estão contra Deus. Elas falam de Deus, mas parece que, no fundo, são contra a divindade. O jeito como elas se comportam é contrário a ela.

Ninguém está separado. Quando a ilusão da separação acaba, surge a compaixão. A compaixão não é uma disciplina.

Agora que a respiração está reprimida, a ponte ruiu. Você só consegue respirar superficialmente — você nunca vai fundo e, se não consegue ir fundo dentro de si mesmo, não consegue ir fundo dentro da existência.

Buda faz da respiração a própria base. Uma respiração profunda, relaxada, e a consciência dela provocam em você um grande silêncio, um grande relaxamento; aos poucos você simplesmente se funde, se mistura, desaparece. Você deixa de ser uma ilha isolada, começa a vibrar com o todo. Você deixa de ser uma nota separada e passa a fazer parte de toda esta sinfonia. Então brota a compaixão. A compaixão só brota quando você consegue perceber que todo mundo está relacionado com você. A compaixão só brota quando você vê que é um membro de todo mundo e todo mundo é um membro seu. Ninguém está separado. Quando a ilusão da separação acaba, surge a compaixão. A compaixão não é uma disciplina.

Na experiência humana, o relacionamento entre a mãe e o filho é o mais próximo da compaixão. As pessoas o chamam de amor, mas não se trata de amor. Ele é mais compaixão do que amor, porque nele não existe paixão. O amor da mãe pelo filho está mais próximo da compaixão. Por quê? Porque a mãe conheceu o filho em si mesma; a criança era uma parte do seu ser.

Ela conheceu o filho como uma parte de si mesma e, mesmo que a criança tenha nascido e crescido, a mãe continua sentindo um ritmo sutil com o filho. Se o filho fica doente, a mãe sente isso imediatamente, mesmo estando a quilômetros de distância. Ela pode não ter consciência do que está acontecendo, mas ficará deprimida; pode não ter consciência de que o filho está sofrendo, mas começará a sofrer também. Ela fará alguma racionalização que explique por que ela está sofrendo — não está boa do estômago, está com dor de cabeça ou outra coisa qualquer —, mas agora a psicologia profunda explica que mãe e filho continuam sempre ligados um ao outro por ondas energéticas sutis, pois eles continuam vibrando na mesma freqüência.

A telepatia é muito mais fácil entre mãe e filho do que entre outras pessoas. O mesmo vale para os gêmeos — entre os gêmeos, a telepatia é muito fácil. Muitos experimentos sobre a telepatia foram feitos na União Soviética — não com fins religiosos, é claro, mas porque eles queriam descobrir se ela podia ser usada como uma técnica na guerra. Eles descobriram que os gêmeos são muito telepáticos. Se um deles pega uma gripe, a quilômetros o outro também pega. Eles vibram no mesmo comprimento de onda, são afetados pelas mesmas coisas. Isso porque ambos viveram no mesmo útero, como parte um do outro; eles existiram juntos no ventre da mesma mãe.

O sentimento da mãe pelo filho é muito mais parecido com a compaixão, porque ela sente que o filho é ela própria.

Eu estava lendo uma piada:

Durante a inspeção preliminar de um acampamento de escoteiros, o diretor descobriu no saco de dormir de um escoteiro franzino um enorme guarda-chuva escondido, que não estava obviamente entre os objetos da lista de equipamentos. O diretor pediu uma explicação. O novato respondeu da maneira mais polida possível, "Senhor, o senhor já teve mãe?"

Mãe significa compaixão, mãe significa sentir pelo outro o mesmo que se sente por si mesmo. Quando uma pessoa penetra fundo na meditação e se torna iluminada, ela se torna mãe. Buda é mais uma mãe do que um pai. A associação cristã com a palavra "pai" não faz muito sentido nem é bela. Chamar o divino de "pai" parece um pouco machista. Se existe um Deus, ele só pode ser uma mãe, não um pai. "Pai" é muito institucional. O pai é uma instituição. Na natureza, não existe um pai assim. Se você perguntar a um lingüista, ele vai dizer que a palavra "tio" é mais antiga do que a palavra "pai". Os tios surgiram primeiro porque ninguém sabia quem era o pai. Depois que se estabeleceu a propriedade privada, depois que o casamento se tornou uma forma de propriedade privada, a instituição do pai passou a fazer parte da vida humana. Ela é muito frágil, pode desaparecer um dia. Se a sociedade mudar, a instituição pode desaparecer assim como outras instituições desapareceram. Mas a mãe vai permanecer. A mãe é natural.

No Oriente, muitas pessoas, muitas tradições chamam Deus de mãe. Essa abordagem parece mais apropriada. Observe o Buda, o rosto dele parece mais o rosto de uma mulher do que o de um homem. Na verdade, por causa disso nós não o retratamos com barba ou bigode. Mahavira, Buda, Krishna, Ram — você nunca vê barba ou bigode no rosto deles. Não que lhes faltem hormônios — eles deviam ter barba —, mas não eram retratados com barba porque isso lhes daria uma aparência mais masculina.

No Oriente, não damos muita importância aos fatos, mas damos muita importância ao que é relevante, significativo. Claro, as estátuas de Buda que você vê são todas falsas, mas no Oriente não nos preocupamos com isso. O importante é que Buda ficou mais feminino. Trata-se de uma transferência do hemisfério esquerdo do cérebro para o hemisfério direito, do masculino para o feminino, do agressivo para o passivo, do positivo para o negativo, do esforço para o não-esforço. Buda é mais feminino, mais maternal. Se você de fato se tornar um meditador, pouco a pouco verá muitas mudanças no seu ser e se sentirá mais como uma mulher do que como um homem — mais gracioso, mais receptivo, mais não-violento, mais amoroso. E uma compaixão brotará continuamente do seu ser; ela será como uma fragrância natural.

Normalmente, o que você chama de compaixão continua ocultando dentro de si a paixão. Mesmo que de vez em quando você seja compassivo com as pessoas, observe, disseque, vá fundo nos seus sentimentos e você vai descobrir, em algum lugar, uma motivação. Nos gestos que parecem cheios de compaixão, lá no fundo você sempre vai encontrar uma motivação.

Eu ouvi:

Louie voltou para casa e ficou chocado ao descobrir a mulher nos braços de outro homem. Ele correu para fora do quarto gritando, "Vou pegar o revólver!"

A mulher correu atrás dele, mesmo nua, mediu-o de alto a baixo e gritou, "Seu idiota, para que fazer tanto estardalhaço? Foi o meu amante que pagou os nossos móveis novos, as minhas roupas novas. O dinheiro extra que você pensou que eu ganhei costurando, os pequenos luxos que estamos podendo comprar — tudo isso veio dele!"

Mas Louie se desvencilhou dela e continuou subindo as escadas.

"Nada de revólver, Louie!", gritou a mulher.

"Que revólver?", respondeu ele. "Vou pegar um cobertor. O pobre sujeito pode pegar um resfriado, pelado daquele jeito."

Mesmo que você sinta — ou pense que sinta, ou finja que sinta — compaixão, vá um pouco mais fundo e analise-a bem; você verá que ela tem uma motivação. Não pode ser compaixão pura. E, se não é pura, não é compaixão. A pureza é um ingrediente básico da compaixão, do contrário é outra coisa — é mais ou menos uma formalidade. Nós aprendemos a ser formais — como nos comportar com a esposa, com o marido, como nos comportar com os filhos, com os amigos, com a família. Aprendemos tudo. A compaixão não é algo que se possa aprender. Depois que você tiver desaprendido todas as formalidades, toda a etiqueta e as boas maneiras, ela brota em você. A compaixão é selvagem; ela não conhece etiqueta, formalidade; essas são todas coisas mortas comparadas a ela. Ela é extremamente viva, é uma chama de amor.

No décimo segundo buraco de um jogo acalorado, o campo de golfe passava sobre uma grande avenida e, quando Smith e Jones chegaram nesse ponto do gramado, viram um cortejo fúnebre.

Ao vê-lo, Smith parou, tirou o chapéu, colocou-o sobre o peito e curvou a cabeça até que o cortejo desaparecesse numa curva.

Perplexo, Jones esperou Smith recolocar o chapéu e voltar a jogar, e então disse, "Foi muita delicadeza e consideração da sua parte, Smith".

"Ah, bem", disse Smith, "era o mínimo que eu podia fazer. Afinal de contas fui casado com essa mulher durante vinte anos".

A vida se tornou plástica, artificial, formal, porque você tem de fazer certas coisas que você faz. Você cumpre seus deveres com relutância, é claro, mas, se perder muito da vida, é natural que isso aconteça, porque a vida só é possível se você estiver vivo, intensamente vivo. Se a sua própria chama for encoberta pelas formalidades, pelos deveres, pelas regras, que você tem de cumprir com relutância, você só pode se arrastar pela vida. Você pode se arrastar confortavelmente, a sua vida pode ser uma vida de conveniência, mas não pode ser viva de verdade.

Uma vida viva de verdade é, num certo sentido, caótica. Num certo sentido, eu digo, porque o caos tem a sua própria disciplina. Ele não tem regras porque não precisa de nenhuma regra. Ele tem a mais básica das regras embutida nele — ele não precisa ter regras externas.

Agora uma história zen.

Num dia de inverno, um samurai foi ao templo de Eisai e fez um apelo: "Eu estou pobre e doente", ele disse, "e a minha família está morrendo de fome. Por favor, nos ajude, mestre".

Dependente dos donativos de viúvas, Eisai tinha uma vida austera e não tinha nada para dar. Ele já estava mandando o samurai embora quando se lembrou da imagem do Yakushi-buda, no vestíbulo do templo. Eisai escalou a estátua e arrancou a auréola do Buda, oferecendo-a ao samurai. "Venda isto", disse Eisai. "Vai ajudá-lo." Aturdido, mas desesperado, o samurai pegou a auréola e foi embora.

"Mestre!", gritou um dos discípulos de Eisai, "isso é um sacrilégio! Como pôde fazer uma coisa dessas?"

"Que sacrilégio que nada! Eu só pus a cabeça do Buda, que é cheia de amor e de misericórdia, para funcionar, por assim dizer. Na verdade, se ele próprio tivesse ouvido o samurai, teria cortado um braço para dar a ele."

Uma história muito simples, mas carregada de significado. Primeiro, mesmo que você não tenha nada para dar, olhe mais uma vez. Você sempre encontrará algo para dar. Mesmo quando não tem nada para dar, você sempre pode encontrar algo. É uma questão de atitude. Se não pode dar nada, pelo menos pode sorrir; se não pode dar nada, pelo menos pode se sentar com a pessoa e segurar a mão dela. Não é uma questão de dar alguma coisa, é uma questão de dar.

Esse Eisai era um monge pobre, tão pobre quanto um monge budista pode ser. A vida dele era extremamente austera e ele não tinha nada para dar. Normalmente, é um terrível sacrilégio arrancar a auréola da estátua de Buda e dá-la embora. Nenhuma pessoa pretensamente religiosa poderia pensar em fazer isso. Só uma pessoa *de fato* religiosa faria isso — é por isso que eu digo que a compaixão não conhece regras, a compaixão está além das regras. Ela é selvagem. Não segue nenhuma formalidade.

De repente Eisai se lembrou da imagem de Buda no vestíbulo. No Japão, na China, eles colocam uma auréola de ouro em volta da cabeça do Buda, só para mostrar a aura em volta da cabeça dele. De repente Eisai se lembrou dela — todo dia ele reverenciava a mesma estátua.

Escalou a estátua e arrancou a auréola do Buda, oferecendo-a ao samurai. "Venda isto", disse Eisai. "Vai ajudá-lo." Aturdido, mas desesperado, o samurai pegou a auréola e foi embora.

Até o samurai ficou surpreso. Ele não esperava isso. Até ele deve ter pensado que era um sacrilégio. Que tipo de homem é esse? Ele é um seguidor de Buda e destruiu a estátua! Até mesmo tocar a estátua era sacrilégio, e ele tinha arrancado a auréola.

Essa é a diferença entre a pessoa realmente religiosa e a pessoa supostamente religiosa. A pessoa supostamente religiosa sempre observa a regra; sempre pensa no que é apropriado e no que não é. Mas a pessoa religiosa vive a regra. Não existe nada que seja próprio ou impróprio para ela. A compaixão é tão infinitamente apropriada que qualquer coisa que você fizer com compaixão passa a ser automaticamente apropriada.

"Mestre!", gritou um dos discípulos de Eisai, "isso é um sacrilégio! Como pôde fazer uma coisa dessas?"

Até o discípulo achou que não estava certo. O que estava sendo feito era impróprio.

"Que sacrilégio que nada! Eu só pus a cabeça do Buda, que é cheia de amor e de misericórdia, para funcionar, por assim dizer. Na verdade, se ele próprio tivesse ouvido o samurai, teria cortado um braço para dar a ele."

Entender é algo bem diferente de simplesmente seguir. Quando segue, você fica quase cego; então existem regras que têm de ser mantidas. Se entende, você também segue, mas não fica mais cego. Cada caso é um caso, a cada momento a sua consciência responde, e seja o que for que você faça está certo.

Uma das mais lindas histórias que existem é sobre o mestre zen que pediu, numa noite de inverno, para ficar num templo. Ele tremia porque a noite estava fria e a neve caía lá fora. Claro, o sacerdote do templo compreendeu e disse a ele, "Você pode ficar, mas só por uma noite, porque este templo não é um hotel. Pela manhã, você terá de ir".

No meio da noite o sacerdote ouviu um barulho. Ele foi correndo ver o que era e mal pôde acreditar no que viu. O monge estava sentado perto de uma fogueira que ele mesmo fizera dentro do templo. E faltava uma das estátuas de Buda. No Japão, eles fazem estátuas de Buda de madeira.

O sacerdote perguntou, "Onde está a estátua?"

O mestre apontou para o fogo e disse, "Estava frio demais e eu estava tremendo".

O sacerdote exclamou, "Você deve estar louco! Não vê o que fez? Era uma estátua de Buda! Você queimou Buda!"

O mestre olhou para o fogo, que já se extinguia, e remexeu as brasas com uma vareta. O sacerdote perguntou, "O que está fazendo?"

Ele respondeu, "Estou tentando encontrar os ossos do Buda".

O sacerdote disse, "Você com certeza é louco! É um Buda de madeira. Ele não tem ossos".

Então o mestre disse, "A noite ainda demora a acabar e está ficando cada vez mais frio. Por que você não traz esses outros dois Budas também?"

> A verdadeira pessoa de entendimento nem é dura com os outros nem é dura consigo, pois se trata da mesma energia.

Evidentemente, ele foi expulso do templo na mesma hora. Esse homem era perigoso! Quando estava sendo expulso do templo, ele disse, "O que você está fazendo expulsando um Buda vivo? Defendendo um Buda de madeira? O Buda vivo estava sofrendo tanto que eu tive de mostrar compaixão. Se Buda estivesse vivo ele faria o mesmo. Ele mesmo teria dado todas essas estátuas para mim. Eu sei! Eu sei, no fundo do meu coração, que ele faria o mesmo".

Mas quem estava ali para ouvi-lo? Ele foi atirado na neve e as portas, fechadas. De manhã, quando o sacerdote saiu, ele viu o mestre sentado perto de um mourão, sobre o qual havia algumas flores, e o reverenciava. O sacerdote se aproximou e disse, "O que está fazendo agora? Adorando um mourão?"

O mestre disse, "Sempre que chega a hora de rezar, eu crio os meus Budas em qualquer lugar, pois eles estão a toda volta. Este mourão é tão bom quanto os Budas de madeira lá dentro".

É uma questão de atitude. Quando você olha com olhos reverentes, qualquer coisa se torna divina.

E lembre-se — a história sobre Eisai é fácil de entender porque a compaixão é dirigida a alguém. Essa história é mais complexa e difícil de entender, porque a compaixão é dirigida a si mesmo. A verdadeira pessoa de entendimento nem é dura com os outros nem é dura consigo, pois se trata da mesma energia. A pessoa de verdadeiro entendimento não é masoquista. Não é sádica nem é masoquista. A pessoa de verdadeiro entendimento simplesmente entende que não existe separação — tudo, inclusive ela mesma, é divino. E ela vive de acordo com esse entendimento.

Viver de acordo com o entendimento é compaixão. Nunca tente praticá-la; simplesmente relaxe em profunda meditação. Fique num estado de entrega na meditação e, de repente, você será capaz de sentir a fragrância que vem do seu âmago mais profundo. Então a flor desabrocha e a compaixão se espalha. A meditação é a flor e a compaixão é a sua fragrância.

UM DESEJO É UM DESEJO É UM DESEJO – RESPOSTAS A PERGUNTAS

Você pode fazer a gentileza de falar sobre o desejo de ajudar as pessoas, as suas diferenças e semelhanças com outras formas de desejo?

Desejo é desejo; não existe diferença nenhuma. Queira você ajudar as pessoas ou prejudicá-las, a natureza do desejo é a mesma.

Um buda não deseja ajudar as pessoas. Ele ajuda as pessoas, mas não existe nenhum desejo nessa ajuda; ela é espontânea. É só a fragrância de uma flor que desabrochou. A flor não está desejando que a fragrância se espalhe com o vento e chegue até as pessoas. Se ela chega ou não até as pessoas, isso não diz respeito à flor. Se ela chega, é por acaso; se não chega, é por acaso também. A flor está exalando o seu perfume espontaneamente. O sol nasce — não existe o desejo de acordar as pessoas, o desejo de fazer com que as flores desabrochem, o desejo de ajudar os pássaros a cantar. Tudo isso acontece naturalmente.

Um buda ajuda não porque tenha o desejo de ajudar, mas porque a compaixão faz parte da sua natureza. Todo meditador passa a ter compaixão, mas não se torna um "servo das pessoas". Os servos das pessoas são nocivos; o mundo sofre muito com esses servos, porque o serviço que eles prestam é desejo mascarado de compaixão, e o desejo nunca pode ser compassivo.

Desejo é sempre exploração. Você pode explorar em nome da compaixão; você pode explorar dando belos nomes a essa exploração. Você pode falar sobre serviço à humanidade e sobre fraternidade, ou sobre religião, sobre Deus, sobre verdade. Todo o seu belo discurso só servirá para trazer mais e mais guerras, mais e mais derramamento de sangue — cada vez mais pessoas serão crucificadas, queimadas vivas. É isso o que tem acontecido até agora. E, se você não trouxer uma nova compreensão ao mundo, isso vai continuar igual.

Portanto, a primeira coisa que é preciso lembrar é que o desejo é o mesmo, seja ele um desejo de ajudar ou de prejudicar. A questão não é o objeto do desejo; a questão é a natureza do próprio desejo. A natureza do desejo leva você para o futuro; ele coloca em pauta o ama-

Não existe desejo material nem desejo espiritual. Trata-se de uma viagem do ego, ajudar as pessoas; faça isso e você se tornará mais santo do que os outros. Você se tornará mais sábio do que os outros — você sabe e eles não sabem.

nhã. E com o amanhã vêm todas as tensões, toda a ansiedade para saber se você vai se dar bem ou não, se vai ter sucesso ou não. O medo de fracassar e a ambição de ser bem-sucedido estarão lá — não importa se o seu desejo é ter dinheiro ou conquistar a vitória neste mundo, ou se é ser compassivo com as pessoas ou levá-las à salvação; trata-se sempre do mesmo jogo. Só muda o nome. É fundamental entender isso.

Um homem pediu a Buda, "Eu gostaria de ajudar as pessoas. Por favor, me oriente". Buda olhou para ele e ficou muito triste. O homem ficou intrigado, confuso. Ele disse, "Por que o senhor ficou triste? Eu disse alguma coisa errada?"

Buda respondeu, "Como você pode ajudar as pessoas? Você nem ajudou a si mesmo ainda! Você só as prejudicará em nome dessa ajuda".

Primeiro traga a luz para dentro do seu ser. Deixe que a chama se acenda na sua consciência... daí em diante você nunca mais perguntará como ajudar as pessoas. Daí em diante, naturalmente, a sua própria presença e o que quer que faça serão de grande ajuda.

Desejo é desejo. Não existe desejo material nem desejo espiritual. Trata-se de uma viagem do ego, ajudar as pessoas; faça isso e você se tornará mais santo do que os outros. Você se tornará mais sábio do que os outros — você sabe e eles não sabem. Você quer ajudar porque já conhece o caminho e eles são pessoas ignorantes tateando na escuridão, e você quer ser uma luz para eles. Você quer ser um mestre e reduzi-los a seus discípulos. Se existe esse desejo, então esse desejo não vai ajudá-los — e não vai ajudar você também. Ele será duas vezes prejudicial. Trata-se de uma faca de dois gumes; ela corta os outros e corta você também. É destrutivo, não pode ser criativo.

Mas existe outro tipo de ajuda que não vem do desejo, que não brota de nenhuma projeção do ego. Esse tipo de ajuda, esse tipo de compaixão só acontece no auge da meditação, nunca antes. Quando chega a primavera na sua consciência, quando tudo são flores dentro de você, a fragrância começa a atingir as outras pessoas. Você não precisa desejar a fragrância — na verdade, você não pode ajudá-la. Mesmo se quiser evitá-la, você não pode. É inevitável que ela chegue até os outros. Ela se tornará uma luz na vida deles, será um arauto de novos horizontes — não porque você deseje isso, mas porque você está transformado.

Existe uma meditação budista chamada Maitri Bhavana. *Ela começa com a pessoa dizendo a si mesma, "Que eu possa estar bem, que eu possa ser feliz, que eu possa me livrar dos inimigos, que eu possa me livrar da má vontade contra mim". Uma vez imbuído do sentimento que esses pensamentos geram, a fase seguinte da meditação consiste em estender esse sentimento aos outros — para começar, visualize as pessoas que você ama e irradie esse bom sentimento para elas; depois faça o mesmo com as pessoas que você não ama tanto assim, até conseguir sentir compaixão até mesmo pelas pessoas que odeia. Eu costumo sentir que essa meditação de algum modo me abre para os outros. Mas eu desisti dela porque receio que ela possa ser um tipo de auto-hipnose. Eu ainda me sinto atraído por essa meditação, mas não tenho certeza se devo praticá-la novamente, talvez com uma atitude diferente, ou simplesmente desistir dela. Você pode falar sobre essa meditação? Eu ficaria muito grato.*

A *Maitri Bhavana* é uma das meditações mais fortes e incisivas que eu conheço. Você não precisa ter medo de entrar em algum tipo de auto-hipnose; não se trata disso. Na verdade, ela é um tipo de contra-hipnose. Ela parece hipnose porque se trata do processo inverso. É como se você saísse da sua casa para me ver, caminhasse durante todo o trajeto e agora, na volta, fizesse o mesmo caminho. A única diferença é que agora as suas costas estão voltadas para a minha casa. O caminho será o mesmo, você será o mesmo, mas o seu rosto estava voltado para a minha casa quando você vinha e agora as suas costas estão voltadas para a minha casa.

O ser humano já está hipnotizado. Não é uma questão de ser ou não ser hipnotizado agora — você já está hipnotizado. Todo o processo da sociedade é um tipo de hipnose. Alguém diz a uma pessoa que ela é cristã e outros repetem isso tantas vezes que a mente dela fica condicionada e ela acha que é cristã. Uma pessoa é hinduísta, a outra é muçulmana — tudo isso é hipnose. Você já está hipnotizado. Se você se acha um miserável, isso é uma hipnose. Se você acha que tem problemas demais, isso é uma hipnose. Seja o que for que você seja, isso é uma hipnose. A sociedade lhe deu essas idéias e agora você está cheio delas e de condicionamentos.

A *Maitri Bhavana* é uma contra-hipnose; uma tentativa de levar você de volta para a sua mente natural; uma tentativa de devolver a sua face original; uma tentativa de levar você de volta ao ponto onde estava quando nasceu e a sociedade ainda não o tinha corrompido. Quando a criança nasce, ela está em *Maitri Bhavana*. *Maitri Bhavana* significa um grande sentimento de amizade, amor, compaixão. Quando a criança nasce, ela não conhece o ódio, ela só conhece o amor. O amor é intrínseco; só depois ela aprende a odiar. O amor é intrínseco; a raiva ela aprende depois. Ciúme, possessividade, inveja, tudo isso ela aprenderá depois. Essas são as coisas que a sociedade ensinará à criança; como ser ciumenta, como ficar cheia de ódio, como ser tomada pela raiva e pela violência. Essas coisas serão ensinadas pela sociedade.

Quando a criança nasce, ela é simplesmente amor. Ela tem de ser, porque não conhece nenhuma outra coisa. No ventre da mãe, ela não enfrentou nenhum inimigo. Ela viveu imersa num amor profundo durante nove meses, cercada de amor, nutrida pelo amor. Ela não conhece ninguém que seja seu inimigo. Ela só conhece a mãe e o amor maternal. Quando ela nasce, toda a sua experiência é de amor, portanto, como você quer que ela conheça alguma coisa sobre o ódio? Esse amor ela traz consigo; essa é a face original. Então haverá problemas, haverá muitas outras experiências. Ela passará a desconfiar das pessoas. O recém-nascido nasce com confiança simplesmente.

Eu ouvi:

Um homem e um garotinho entraram numa barbearia juntos. Depois que o homem recebeu o tratamento completo — barba, xampu, manicure, corte de cabelo, etc. —, ele colocou o menino na cadeira.

"Eu vou comprar uma gravata", disse ao barbeiro. "Volto daqui a pouco."

Como o corte de cabelo do menino já estava pronto e o homem ainda não tinha voltado, o barbeiro disse, "Parece que o seu pai se esqueceu de você".

"Ele não é o meu pai", respondeu o menino. "Ele só estava andando na rua quando me pegou pela mão e disse, 'Vamos, filho, vamos ganhar um corte de cabelo de graça'."

As crianças confiam, mas pouco a pouco passam por experiências em que são enganadas, colocadas em apuros, confrontadas, assustadas. Aos poucos elas aprendem todos os truques deste mundo. Foi isso o que aconteceu a todo mundo, em maior ou menor proporção.

Ora, a *Maitri Bhavana* está mais uma vez criando a mesma situação: trata-se de uma contra-hipnose. É uma tentativa de acabar com o ódio, a raiva, o ciúme, a inveja, e voltar para o mundo do jeito que você chegou aqui pela primeira vez. Se você continuar fazendo essa meditação, primeiro vai começar a se amar — porque você está mais próximo de si mesmo do que de qualquer outra pessoa. Depois você irradia o seu amor, a sua amizade, a sua compaixão, o seu sentimento, os seus votos de felicidade, a sua benevolência, as suas bênçãos — irradia isso para as pessoas que ama, para os amigos, para o seu par. Depois, gradativamente, você vai irradiando esses sentimentos para pessoas que você não ama tanto assim, depois para as que lhe são indiferentes — que não ama nem odeia —, e depois, pouco a pouco, para aqueles que você odeia. Bem devagar, você vai saindo da hipnose. Lentamente você volta a criar um ventre de amor à sua volta.

Quando Buda se senta, ele se senta na existência como se toda a existência tivesse se tornado outra vez o ventre de sua mãe. Não existe nenhum inimigo. Ele atingiu a sua natureza original. Ele conheceu a essência de si mesmo. Agora você pode até matá-lo que, mesmo assim, ele não vai deixar de ter compaixão. Até morrendo, ele continuará cheio de compaixão por você. Você pode matá-lo, mas não pode acabar com a confiança que ele tem. Agora ele sabe que a confiança é algo tão básico que, se a perdermos, perdemos tudo. E, se não perdermos a confiança mas perdermos todo o resto, ainda assim não perdemos nada. Você pode tirar tudo dele, mas não pode tirar a sua confiança.

A Maitri Bhavana é belíssima; não há por que desistir dela. Ela será extremamente proveitosa. Trata-se de uma desestruturação.

O ego é criado com ódio, inimizade, luta. Se você quer acabar com o ego, terá de criar mais sentimentos de amor. Quando você ama, o ego desaparece. Se você ama imensamente, ama incondicionalmente, ama tudo, então não pode existir ego. O

> O ego é criado com ódio, inimizade, luta. Se você quer acabar com o ego, terá de criar mais sentimentos de amor. Quando você ama, o ego desaparece.

ego é a coisa mais estúpida que pode acontecer a um homem ou a uma mulher. Depois que ele acontece, fica difícil até mesmo vê-lo, pois ele nubla a visão.

Eu ouvi:

Mulá Nasruddin e seus dois amigos estavam conversando sobre as suas semelhanças. Um amigo disse, "O meu rosto lembra o de Winston Churchill. Sempre me confundem com ele".

O outro disse, "As pessoas acham que sou parecido com Richard Nixon e me pedem autógrafo".

Mulá disse, "Isso não é nada. No meu caso, as pessoas chegam a me confundir com Deus".

Os dois amigos exclamaram juntos, "Como assim?"

Mulá Nasruddin respondeu, "Bem, quando eu fui condenado e me mandaram para a cadeia pela quarta vez, ao me ver o carcereiro exclamou, 'Ai, Deus, você outra vez!'".

Depois que o ego aparece, ele continua acumulando coisas de todos os lugares — juízos, bobagens —, mas continua se achando importante. No amor você diz, "Você também é importante, não apenas eu". Quando ama alguém, o que você diz? Você pode dizer ou não, mas o que está lá no fundo do seu coração? Você diz, seja em palavras ou em silêncio, "Você também é importante, tanto quanto eu". Se o amor ficar maior ainda, você dirá, "Você é até mais importante do que eu. Se surgir uma situação em que só um de nós possa sobreviver, eu morrerei por você; prefiro que você sobreviva". O outro se tornou mais importante; você está pronto até para ser sacrificado em nome da pessoa que ama. E, se esse amor começar a se espalhar, como se espalha na *Maitri Bhavana*, pouco a pouco você começa a desaparecer. Haverá muitos momentos em que você não estará ali — silêncio absoluto, nenhum ego, nenhum centro, só puro espaço. Buda diz, "Quando a pessoa atinge esse estado definitivamente, e ela se integra a esse espaço puro, ela está iluminada".

Quando o ego desaparece completamente, você está iluminado; quando você está tão destituído de ego que não pode nem sequer dizer "Eu sou", você não consegue nem dizer, "Eu sou um eu" — a palavra que Buda usa para isso é *anatta*: não-ser, nenhum ser, nenhum eu. Você não consegue nem mesmo pronunciar a palavra "eu", a própria palavra torna-se profana. No amor profundo, o "eu" desaparece. Você se desestruturou.

Quando a criança nasce, ela chega sem "eu" nenhum. Ela simplesmente é — uma folha em branco, sem nada escrito nela. Depois a sociedade começa a escrever nela e a estreitar a sua consciência. A sociedade, pouco a pouco, estabelece um papel para ela — "Este é o seu papel; isto é você" — e a criança se prenderá a esse papel. Esse papel nunca permitirá que ela seja feliz, porque a felicidade só é possível quando você é infinito. Se você é limitado, não pode ser feliz. A felicidade não é uma função da limitação; ela é uma função do espaço infinito. Se você é tão espaçoso que o todo pode entrar em você, então você só pode ser feliz.

A *Maitri Bhavana* pode ser uma tremenda ajuda.

PELE DE CORDEIRO –
O QUE A COMPAIXÃO
NÃO É

Cegos não podem ajudar outros cegos. Aqueles que tateiam na escuridão não podem conduzir outras pessoas para a luz. Aqueles que não conhecem a imortalidade não podem ajudar outras pessoas a perder o medo da morte. Aqueles que não vivem total e intensamente, cuja canção ainda não vem do coração, cujo sorriso é forçado, não podem ajudar os outros a serem autênticos e sinceros. Aqueles que são hipócritas, fingidos, não podem ajudar outras pessoas a serem honestas.

Aqueles que ainda não são eles mesmos, que não sabem nada a respeito de si mesmos, que não fazem idéia da sua individualidade — aqueles que ainda estão perdidos na sua personalidade, que são falsos, são produtos da sociedade — não podem ajudar ninguém a atingir a individualidade. Mesmo que tenham as melhores intenções, isso é simplesmente impossível.

Se a chama da vida não brilha em você, como você pode acender a chama das outras pessoas? A sua tem de estar acesa;

só assim você pode acender a dos outros. Você tem de ser um rebelde para espalhar a rebelião à sua volta. Se estiver em chamas, chamejante, você consegue provocar um incêndio que se espalhará para muito além do seu campo de visão. Mas primeiro você tem de se incendiar.

Um cego conduzindo outro cego... o místico Kabir diz que ambos caem no poço. As palavras que ele usou foram: *Andha andham thelia dono koop padant*. "Um cego conduzia outro cego e ambos caíram no poço."

Você tem de enxergar para levar um cego ao médico — não há outro jeito. Você só consegue compartilhar com os outros aquilo que você tem. Se você é miserável, só poderá compartilhar a sua miséria. E, quando duas pessoas miseráveis estão juntas, a miséria não dobra simplesmente, ela se multiplica. O mesmo vale para a cegueira, para a rebeldia, para todas as experiências.

> Você só consegue compartilhar com os outros aquilo que você tem. Se você é miserável, só poderá compartilhar a sua miséria. E, quando duas pessoas miseráveis estão juntas, a miséria não dobra simplesmente, ela se multiplica.

Não importa como você queira que o mundo seja: você terá de ser um modelo primeiro. Você tem de passar pelo teste do fogo para provar a sua filosofia de vida pelo exemplo. Você não pode simplesmente debater sobre ela. Racionalização e debates não vão adiantar; só a sua experiência pode dar às outras pessoas o gostinho do amor, da meditação, do silêncio, da religiosidade.

Antes de passar pela experiência, nunca tente ajudar ninguém — porque você simplesmente confundirá a outra pessoa mais ainda. Ela já está confusa. Séculos de herança cultural têm confundido todo mundo. Será uma bondade sua não ajudar, porque seria perigoso; a sua ajuda representaria um grande risco para a outra pessoa.

Primeiro percorra o caminho, conheça perfeitamente bem onde ele leva — só depois pegue na mão das outras pessoas para conduzi-las por esse caminho.

Neste mundo, a comunicação é muito difícil. Você tem de aprender como comunicar as suas experiências para que as pessoas possam entender perfeitamente o que você diz; do contrário, você pode achar que está compartilhando néctar e ele pode se transformar em veneno na vida delas. Elas já estão suficientemente envenenadas!

É melhor que primeiro você se purifique, desanuvie os seus próprios olhos para que eles possam enxergar melhor. E aí, talvez — só talvez — você possa ajudar as outras pessoas. A intenção é boa, mas o bem não depende apenas de boas intenções.

O antigo ditado diz que de boas intenções o inferno está cheio. Existem milhões de pessoas tentando ajudar, aconselhando outras, cheias de boas intenções. O prazer de aconselhar já é tão grande... o que importa se eu mesmo sigo os meus conselhos ou não?

O prazer de aconselhar os outros é um prazer extremamente sutil e egoísta. A pessoa que você está aconselhando vira uma ignorante; você passa a ser aquele que sabe das coisas. O conselho é a única coisa do mundo que todo mundo dá e ninguém segue; e é bom que ninguém siga porque ele é dado por pessoas que não sabem nada — embora elas não tenham más intenções.

Lembre-se, pela própria natureza das coisas, se você quer mudar alguma coisa neste mundo, você tem de mudar a si mesmo primeiro. A revolução tem de começar em você primeiro. Só então você conseguirá fazê-la chegar no coração das outras pessoas. Primeiro a dança tem de começar em você; e então você verá um milagre — outros começarão a dançar também. A dança é contagiosa; o mesmo vale para o amor, para a gratidão, para a religiosidade, para a rebelião — eles são todos contagiosos. Mas primeiro você terá de ver em você a chama que quer ver nos olhos dos outros.

A BONDADE E OUTRAS MANIAS DE GRANDEZA

A compaixão é o florescimento supremo da consciência. É a paixão libertada de toda a escuridão, é a paixão libertada de todo cativeiro, é a paixão purificada de todo veneno. A paixão torna-se compaixão. A paixão é a semente, a compaixão é a flor que nasce dessa semente.

Mas a compaixão não é bondade e a bondade não é compaixão. A bondade é uma atitude motivada pelo ego, ela fortalece o ego. Quando você é bondoso com alguém, você tem o controle. Quando você é bondoso com alguém, há um profundo insulto por trás desse gesto — você está humilhando a outra pessoa e está satisfeito com essa humilhação. É por isso que nunca se esquece um gesto de bondade. A pessoa para quem você ofereceu esse gesto continuará, de alguma maneira, zangada com você e com desejo de se vingar. Isso porque a bondade só se parece com compaixão na superfície; no fundo ela não tem nada a ver com compaixão. Ela tem outros motivos, inconfessos.

A compaixão não tem nenhuma motivação — não tem motivo nenhum. Você mostra compaixão porque a sente, não porque os outros precisem. Os outros não são levados em consideração na compaixão. Você tem tanto que acaba transbordando. A compaixão é espontânea, é natural, é como respirar. A bondade é uma atitude cultivada. É uma espécie de esperteza; uma atitude calculada, uma aritmética.

Você já ouviu um dos mais importantes ditados que existem? Ele está presente, de uma forma ou de outra, em quase todas as escrituras do mundo: "Faça aos outros o que você gostaria que fizessem a você". Essa é uma atitude calculada, não é compaixão. Ela não tem nada a ver com religiosidade — trata-se de um tipo inferior de moralidade, de uma moralidade bem mundana: "Faça aos outros o que você gostaria que fizessem a você". É como um negócio, não é nem um pouco religioso. Você só está fazendo porque gostaria de receber exatamente o mesmo em troca. É egoísmo, é autocentrismo, é egocêntrico. Você não está servindo o outro, não está amando o outro — de uma maneira indireta, está servindo a si mesmo. Está usando o outro. Trata-se de um egoísmo esclarecido, mas não passa de egoísmo — um egoísmo muito inteligente, mas é egoísmo. A compaixão é um florescimento, um fluxo incalculado. Você simplesmente continua a dar porque não há outra saída.

> Você já ouviu: "Faça aos outros o que você gostaria que fizessem a você". É como um negócio, não é nem um pouco religioso.

Portanto, lembre-se, compaixão não é bondade — no sentido que você costuma usar a palavra bondade, ela não é bondade. Num outro sentido, a compaixão é a única bondade de verdade. Você não está "sendo bondoso" com alguém, você não é mais grandioso do que o outro, você está simplesmente liberando a energia que está recebendo do todo. Ela vem do todo e volta para o todo — você não fica na frente como um obstáculo, isso é tudo.

Quando Alexandre o Grande estava viajando pela Índia, ele procurou um grande místico, Diógenes. Diógenes estava deitado na margem de um rio, tomando banho de sol. Alexandre sempre acalentara o desejo de ver Diógenes, porque ele tinha ouvido falar que esse homem, embora não tivesse nada, era o homem mais rico do mundo. Ele tinha algo dentro dele, era um ser luminoso. As pessoas diziam, "Ele é um mendigo, mas na verdade é um imperador". Então Alexandre ficou intrigado. Enquanto viajava, ele ouviu dizer que Diógenes estava nas redondezas, por isso foi vê-lo.

De manhã bem cedo, ao nascer do sol, Diógenes estava deitado nu na areia... Alexandre disse, "Estou contente em ver você. Tudo o que ouvi a seu respeito parece verdade. Nunca vi um homem tão feliz. Posso fazer algo pelo senhor?" E Diógenes respondeu, "Basta que saia da frente — você está tapando o meu sol. E lembre-se de nunca bloquear o sol. Você é perigoso, pode impedir que o sol banhe muitas pessoas. Basta que saia da frente".

A compaixão não é alguma coisa que você dê às pessoas; ela simplesmente não bloqueia o sol. Perceba o espírito da coisa: ela simplesmente não obstrui a divindade. Ela se torna um veículo para o divino, simplesmente deixa que o divino flua através de você. Você se torna um bambu oco e o divino passa através de você. Só um bambu oco pode se tornar uma flauta, pois só ele é capaz de deixar uma música fluir através dele.

A compaixão não vem de você, ela vem da existência, do divino. A bondade vem de você — essa é a primeira coisa que é preciso entender. A bondade é algo que você faz, a compaixão é algo que a existência faz. Você simplesmente não a impede, não fica no caminho. Você deixa que o sol brilhe, penetre, vá aonde quiser.

A bondade fortalece o ego e a compaixão só é possível quando do o ego desapareceu completamente. Então, não se deixe enganar pelos dicionários, porque os dicionários dizem que compaixão é sinônimo de bondade. Isso não acontece no verdadeiro dicionário da existência.

O Zen tem apenas um dicionário, o dicionário do universo. Os muçulmanos têm o Alcorão como escritura. Os hindus têm o Veda, os sikhs têm o Gurugranth, os cristãos têm a Bíblia e os judeus têm o Talmude. Se você me perguntar quais são as escrituras do Zen, eu vou dizer que ele não tem escrituras, as suas escrituras são o universo. Essa é a beleza do Zen. Em cada pedra há um sermão, no canto de cada pássaro Deus fala. Em cada movimento ao seu redor, a própria existência está dançando.

Compaixão é quando você deixa que essa canção eterna flua através de você, pulse através de você — quando você coopera com essa divindade, quando você anda de mãos dadas com ela. Ela não tem nada a ver com você; você tem de desaparecer para que ela exista. Para que a compaixão exista, você tem de desaparecer completamente — ela só pode fluir na sua ausência.

A bondade cultivada torna você muito egoísta. Isso é visível: as pessoas bondosas são muito egoístas, mais egoístas do que as pessoas cruéis. Isso é estranho — a pessoa cruel pelo menos sente um pouco de culpa, mas a pessoa supostamente bondosa se sente perfeitamente bem, se sente "mais santo do que você", melhor do que os outros. Ela tem muita consciência do que está fazendo; cada gesto de bondade traz mais energia e mais poder para o seu ego. Ele fica maior a cada dia. Tudo não passa de uma viagem do ego.

Essa é a primeira coisa que é preciso entender, que a compaixão não é a suposta bondade. Ela tem

A bondade é algo que você faz, a compaixão é algo que a existência faz. Você simplesmente não a impede, não fica no caminho.

dentro dela a parte essencial da bondade — ser terno, compreensivo, empático, não ser severo, ser criativo, ser prestativo. Mas nada disso é resultado de algo que você faça; tudo isso flui através de você. Vem da existência, e você fica feliz e agradecido pelo fato de a existência ter escolhido você como veículo. Você fica transparente e a bondade passa através de você. Você se torna um vidro transparente e o sol pode passar através de você — você não é um obstáculo. Trata-se de pura bondade totalmente destituída de ego.

Em segundo lugar, a compaixão também não é o que se costuma chamar de amor. Ela tem a qualidade essencial do amor, mas não é o que você conhece como amor. O seu amor é só luxúria disfarçada de amor. O seu amor não tem nada a ver com amor — é um tipo de exploração do outro, ao qual se deu um lindo nome, um grande *slogan*.

Você continua dizendo "Eu te amo" — mas você um dia já amou alguém? Você simplesmente usou os outros; você não amou. Como usar os outros pode ser amor? Na verdade, usar outra pessoa é o ato mais destrutivo que alguém pode fazer neste mundo — porque usar outra pessoa como meio para se conseguir alguma coisa é crime.

Immanuel Kant, ao descrever o seu conceito de moralidade, diz que usar outra pessoa como meio é imoral — é o ato imoral básico. Nunca use outra pessoa como meio, pois todo mundo é um fim em si mesmo. Respeite o outro como um fim em si mesmo. Quando você respeita o outro como um fim em si mesmo, você ama. Quando você começa a usar o outro — o marido usando a mulher, a mulher usando o marido —, é porque existem motivos por trás disso. E você pode ver isso em toda parte.

As pessoas não destroem em nome do ódio, elas destroem em nome do seu pretenso amor. E como elas chamam esse ódio de amor, não conseguem enxergá-lo. Como elas o chamam de amor, acham que ele é bom e que está tudo certo. Não está. A humanidade está sofrendo dessa doença do pretenso amor. Se você olhar lá no fundo, descobrirá que esse amor não passa de luxúria nua e crua. Luxúria não é amor. A luxúria quer conseguir alguma coisa, o amor só quer dar. Toda a ênfase da luxúria está em tomar o máximo possível e dar o menos possível. Dar menos, conseguir mais. Se você tem de dar, dê só o suficiente para servir de isca.

A luxúria não passa de uma barganha. Sim, você tem de dar algo, porque você quer algo em troca — mas a idéia é conseguir mais e dar menos. Assim que é a mente negociante. Se você conseguir algo sem ter de dar nada, ótimo! Se não conseguir nada sem dar nada em troca, então dê alguma coisa; finja que está dando muito e abocanhe tudo da outra pessoa.

Exploração, isso é o que a luxúria é. O amor não é exploração. Por isso que a compaixão não é amor no sentido comum da palavra, mas é amor no seu sentido real. A compaixão só dá, ela não pensa em receber nada em troca. Não que ela não receba, não se trata disso — nunca pense nisso nem por um segundo sequer. Quando dá sem pensar em receber nada em troca, você é mil vezes recompensado. Mas isso é outra coisa; não tem nada a ver com você. E, quando você quer receber tudo isso, na verdade só fica decepcionado; você não consegue nada em troca. Por fim, você só fica desiludido.

Todo caso de amor acaba em desilusão. Você já reparou que todo caso de amor acaba deixando você imerso num mar de tristeza, de depressão, com a sensação de que foi enganado? A compaixão não conhece a desilusão porque a compaixão não começa com uma ilusão. A compaixão nunca pede nada em troca, não há necessidade. Primeiro, porque a pessoa que tem compaixão sabe que não é a energia dela que está sendo oferecida, mas a energia da própria existência. Quem é ela para pedir algo em troca? Não faria sentido nem esperar um agradecimento.

Foi isso que aconteceu quando um homem procurou Jesus e ele o tocou e o curou. O homem agradeceu a Jesus — naturalmente, ele estava extremamente grato. Fazia anos que sofria daquela doença, não havia cura e os médicos já haviam dito a ele que não havia mais nada a fazer; ele tinha de aceitar a doença. Agora ele estava curado! Mas Jesus disse, "Não, senhor, não agradeça a mim, agradeça a Deus. Isso foi algo que aconteceu entre você e Deus! Eu não sou ninguém. Foi a sua fé que o curou e a energia de Deus ficou disponível por causa da sua fé; eu sou, no máximo, uma ponte — uma ponte pela qual a energia de Deus e a sua fé se encontraram. Você não precisa se preocupar comigo, não precisa me agradecer. Agradeça ao divino, agradeça à sua própria fé. Algo transpirou entre você e o divino. Eu não interferi em nada".

Ao homem de compaixão não falta inteligência, mas ele não é um intelectual. Ele sabe — mas não pensa. Para que pensar se você sabe? O pensamento é só um substituto. Como você não sabe, você pensa.

Isso é que é compaixão. A compaixão vive se doando, mas não conhece o sentimento de dar alguma coisa, não acha que está sendo doador. E então a existência responde de mil maneiras diferentes. Você dá um pouquinho de amor e o amor começa a fluir de todos os lugares. O homem de compaixão não está tentando conseguir nada de ninguém, ele não é ganancioso. Ele não espera receber nada em troca, ele simplesmente dá. E recebe também, mas não fica pensando nisso.

Portanto, em segundo lugar, a compaixão não é o que se chama de amor e, no entanto, é amor de verdade.

Terceira coisa, compaixão é inteligência, mas não é intelecto. Quando a inteligência está livre de todas as formas, de todas as formas lógicas, quando ela está livre de toda argumentação, está livre da chamada racionalidade, porque racionalidade é confinamento — quando inteligência é liberdade, ela é compaixão. O homem de compaixão é extremamente inteligente, mas ele não é intelectual. Ele pode ver tudo, tem uma visão absoluta, tem olhos de verdade para ver, nada fica escondido dele — mas não se trata de adivinhação, de conjecturas. Ele não vê por meio da lógica, por meio da inferência, ele vê porque a sua visão é clara.

Lembre-se, ao homem de compaixão não falta inteligência, mas ele não é um intelectual. Ele é extremamente inteligente, é a própria personificação da inteligência. Ele é pura radiância. Ele sabe — mas não pensa. Para que pensar se você sabe? O pensamento é só um substituto. Como você não sabe, você pensa. Você não sabe, então pensa. O pensamento é um processo substituto — e é um substituto pobre, lembre-se. Se você sabe, se você vê, por que vai se preocupar em pensar?

O homem de compaixão sabe; o intelectual pensa. O intelectual é um pensador e o homem de compaixão não é um pensador nem um intelectual. Inteligência ele tem, uma grande inteligência, mas essa inteligência não funciona pelo padrão do intelecto. Ela funciona intuitivamente.

E a quarta coisa: a compaixão não é um sentimento — porque o sentimento tem muitas outras coisas que não são compaixão coisa nenhuma. O sentimento tem sentimentalismo, emocionalidade — essas coisas não existem na compaixão. O homem de compaixão sente, mas sem nenhuma emoção. Ele sente, mas não existe sentimentalismo. Ele fará tudo o que for necessário, mas continuará não sendo afetado por isso. Isso precisa ser muito bem entendido. E, depois que você entender o que é compaixão, entenderá o que é um buda.

Alguém está sofrendo — o homem de sentimento vai começar a chorar. O choro não vai ajudar em nada. A casa de alguém está pegando fogo — o homem de sentimento começará a gritar, a chorar e a bater no peito. Isso não vai ajudar em nada. O homem de compaixão vai entrar em ação! Ele não vai chorar, isso é inútil; as lágrimas não ajudam em nada. As lágrimas não vão apagar o fogo, não vão ser um bálsamo para o sofrimento, não vão ajudar um homem que está se afogando. O homem está se afogando e você está sentado na margem, chorando e soluçando — e chorando e soluçando pra valer! Você é um homem de sentimento, com certeza, mas não um homem de compaixão. O homem de compaixão imediatamente se levanta e entra em ação. A ação é imediata; ele não hesita nem por um instante. A ação é instantânea — no momento em que vê alguma coisa, ele imediatamente traduz isso em ação. Não que *ele* a traduza exatamente — ela é traduzida. O entendimento e a ação são dois aspectos do mesmo fenômeno, não são duas coisas separadas. Um lado desse fenômeno é chamado entendimento, o outro é chamado ação.

É por isso que eu digo que o homem religioso é, pela própria natureza, alguém envolvido, comprometido — comprometido com a vida. Ele não vai chorar nem soluçar. O homem de sentimento às vezes parece um homem de compaixão. Não se engane — o homem de sentimento não serve para nada. Na verdade, ele cria mais tumulto. Ele não será de nenhuma ajuda, criará mais confusão. Adiará ainda mais as coisas em vez de ajudar.

O homem de compaixão é perspicaz. Sem lágrimas, sem emoções, ele simplesmente entra em ação. Ele não é frio, mas também não é quente. Ele é simplesmente caloroso — e imperturbável. Esse é o paradoxo do homem de compaixão. Ele é caloroso porque é amoroso e, no entanto, continua imperturbável. Ele nunca se deixa perturbar; seja o que for que aconteça, ele continua calmo e, a partir dessa calma, ele age. E, pelo fato de continuar calmo, ele consegue ajudar.

Essas quatro coisas precisam ser entendidas para que você tenha uma visão quadridimensional do que seja a compaixão. Como essa compaixão pode surgir? — porque ela não pode ser cultivada! Se você cultivá-la, ela se torna bondade. Como essa compaixão pode passar a existir? Você não pode recorrer às escrituras, não pode ler e se orientar pelo que Buda e Cristo dizem, porque senão entrará em jogo o intelecto, não a inteligência. Você não pode começar a amar cada vez mais, da maneira como você vem amando até agora. Se você continuar seguindo na mesma direção, você não chegará na compaixão. O seu amor não está seguindo na direção certa. Se você continuar amando do mesmo jeito — se ouvir o que Buda diz sobre o amor ou o que Cristo diz sobre o amor e pensar, "Bem, então eu tenho de amar mais, do mesmo jeito que tenho amado até agora". Se fizer isso, a quantidade do seu amor será maior, mas a qualidade será a mesma. Você continuará seguindo na mesma direção.

A direção que você está seguindo está basicamente errada. Você nunca amou. Depois que isso entrar fundo no seu coração — a constatação de que você nunca amou... Bem, é terrível pensar que você nunca amou — é muito duro! Nós podemos até acreditar que outras pessoas não amaram — é nisso que acreditamos: "Ninguém me ama, mas tudo bem, as pessoas são difíceis mesmo", mas constatar que você nunca amou é algo que abala o seu ego.

É por isso que as pessoas não querem ver que nunca amaram de verdade. E, como elas não querem ver, elas *não* vêem. E, como elas não vêem, nunca são transformadas. Elas continuam seguindo o mesmo caminho; continuam repetindo sempre a mesma coisa mecânica. E sempre acabam desiludidas.

Então, como fazer surgir a compaixão? Se fosse simplesmente uma questão de amar como sempre amou, você poderia correr na mesma direção. Correr mais, com mais intensidade e com mais velocidade, seria a coisa certa a fazer. Mas você não está seguindo na direção certa, por isso, se for mais rápido, você acabará se distanciando mais ainda, em vez de chegar mais depressa. Acelerar o passo não vai adiantar nada, porque você está seguindo na direção errada — na direção da luxúria e do desejo. Então como fazer surgir a compaixão? E eu digo que ela não é um sentimento também; do contrário, você poderia se matar de tanto chorar, poderia se martirizar, poderia verter um milhão de lágrimas cada vez que visse alguém sofrer, poderia ser extremamente emotivo. Você poderia sofrer por todo mundo no Vietnã, na Coréia, no Paquistão, em todo lugar, poderia sofrer por todas as pessoas pobres deste mundo.

Leon Tolstói faz uma referência à mãe dele em suas memórias. Segundo o escritor, ela era uma mulher bondosa, muito bondosa — bondosa no sentido que eu descrevi aqui, não no sentido da compaixão. Ela era muito bondosa — tão bondosa que sempre chorava ao ver uma peça de teatro. Eles eram ricos, pertenciam à realeza. Quando ela ia ao teatro, um criado costumava ficar sempre ao lado da mãe dele, segurando lenços, pois ela sempre precisava de muitos. Ela chorava o tempo todo. E Tolstói diz, "Mas eu ficava surpreso ao ver que, mesmo no inverno, quando o frio era cortante e a temperatura abaixo de zero, na Rússia, ela ia ao teatro e o condutor da carruagem ia sentado do lado de fora, congelando sob a nevasca, chegando a cair doente algumas vezes. Ela nunca nem sequer pensava nesse homem, que tinha de simplesmente sofrer e esperar do lado de fora. Mas ela continuava lá, debulhando-se em lágrimas, por algo que via no teatro".

Para pessoas sentimentais, emotivas, não custa nada chorar, não custa nada sentir. Custa muito mais ter compaixão.

Custa toda uma vida ter compaixão. O homem de compaixão é muito realista. O homem de sentimento vive simplesmente sonhando, em meio a emoções vagas, fantasias. Por isso a compaixão não pode brotar do sentimento. Então como ela surge? Qual é o modo zen de fazê-la surgir? Para fazê-la surgir, o único meio é a meditação. Ela é atingida por meio da meditação. Então temos de entender o que é meditação.

Gautama Buda, o criador do Zen, o criador de todas as grandes técnicas de meditação do mundo, define a meditação com uma palavra. Alguém perguntou a ele um dia, "O que é meditação? O que isso significa?" e Gautama Buda disse uma única palavra, ele disse: "PARAR!" Essa era a sua definição de meditação. Ele disse, "Se pára, é meditação". A sentença completa era: "A mente insana não pára. Se ela pára, é meditação".

A mente insana não pára — se ela pára, é meditação. Meditação é um estado de percepção sem pensamentos. A meditação é um estado de percepção sem emoção, sem sentimento, sem pensamento. Quando você está simplesmente consciente, quando você se torna um pilar de consciência. Quando você está simplesmente desperto, alerta, atento. Quando você é simplesmente pura percepção.

Como entrar nesse estado? Os seguidores do Zen têm uma palavra especial para isso, eles a chamam de *hua t'ou*. Essa palavra chinesa significa antipensamento, ou antipalavra. A mente, antes de ser perturbada por um pensamento, é *hua t'ou*. Entre dois pensamentos há uma lacuna, essa lacuna é chamada *hua t'ou*.

Observe. Um pensamento atravessa a sua tela mental — na tela de radar da sua mente passa um pensamento como uma nuvem. Primeiro ela é vaga — depois vai se aproximando, se aproximando — então de repente aparece na tela. Então ela continua se movendo e vai saindo da tela, ficando cada vez mais vaga, até desaparecer... Outro pensamento aparece. Entre esses dois pensamentos existe uma lacuna — por um instante, uma fração de segundo, a tela fica vazia.

O estado de puro não-pensamento é chamado *hua t'ou* — antipalavra, antipensamento, antes da mente ser perturbada. Como não estamos alertas interiormente, continuamos não percebendo esse estado — do contrário a meditação aconteceria a todo instante. Você só precisa vê-la acontecer, só tem de ficar consciente do tesouro que está sempre carregando dentro de si.

Não é que a meditação tenha de ser trazida de algum lugar. Ela está ali, a semente está ali. Você só tem de reconhecê-la, nutri-la, cuidar dela, para que ela comece a crescer.

O intervalo entre dois pensamentos é *hua t'ou*. E essa é a porta para entrar na meditação. *Hua t'ou* — o termo significa literalmente a "cabeça da palavra". "Palavra" é uma referência à palavra proferida e "cabeça" é o que precede a palavra. *Hua t'ou* é o momento anterior à formação do pensamento. Assim que o pensamento se forma ele se

> Não é que a meditação tenha de ser trazida de algum lugar. Ela está ali, a semente está ali.
>
> Você só tem de reconhecê-la, nutri-la, cuidar dela, para que ela comece a crescer.

torna *hua wei* — que significa literalmente "rabo da palavra". E, então, quando o pensamento se vai ou a palavra se vai e ocorre novamente uma lacuna, volta a surgir o *hua t'ou*. A meditação é a contemplação desse *hua t'ou*.

"Não se deve ter receio de que os pensamentos surjam", diz Buda, "apenas da demora em tomar consciência deles". Essa é uma maneira totalmente nova de encarar a mente, algo em que ninguém tinha pensado antes de Buda. Buda diz que não precisamos ter receio de que os pensamentos surjam. Só devemos ter receio de uma coisa: não ter consciência deles, demorar muito para tomar consciência deles.

Quando um pensamento surge, se junto com ele brotar também a consciência — se você conseguir vê-lo surgir, aproximar-se, ficar ali e ir embora —, então não há problema nenhum. A própria observação dos pensamentos, pouco a pouco, passa a ser a sua fortaleza. Essa própria consciência traz a você muitos frutos. Você pode primeiro ver o pensamento e, quando o vê, você não é o pensamento. O pensamento está separado de você, você não está identificado com ele. Você é consciência e ele é conteúdo. O pensamento vem e vai embora — ele é um hóspede, você é o anfitrião. Essa é a primeira experiência da meditação.

O Zen fala sobre a "poeira externa" — por exemplo, o viajante pára numa hospedaria, onde ele passa a noite ou faz uma refeição. Então ele pega a mala e segue viagem, porque não pode ficar mais tempo. Por outro lado, o dono da hospedaria não tem nenhum lugar para ir. Aquele que não permanece é o hóspede e aquele que fica é o anfitrião. Portanto, uma coisa é "externa" quando ela não permanece. Ou, num dia claro, quando o sol nasce e os raios de sol entram pela janela, a poeira parece se movimentar no ar — mas o espaço vazio não se move. Aquilo que fica parado é vazio e o que se movimenta é poeira. A "poeira externa" é um pensamento falso e o vazio é a natureza do eu — é o anfitrião, que não acompanha o hóspede em suas idas e vindas.

Esse é um grande achado. A consciência não é o conteúdo. Você é a consciência: os pensamentos vêm e vão embora, você é o anfitrião. Os pensamentos são os hóspedes — eles chegam e ficam por um tempo, descansam um pouco, comem alguma coisa ou passam a noite, e depois vão embora. Você sempre permanece. Você é sempre igual, nunca muda — fica ali pela eternidade. Você é a própria eternidade.

Observe. Às vezes você fica doente, às vezes fica saudável, às vezes fica deprimido, às vezes fica feliz. Um dia você foi muito pequeno, uma criança, depois tornou-se um jovem e então amadureceu. Um dia você foi forte e vigoroso; até que chegou um dia em que começou a enfraquecer. Todas essas coisas vêm e vão, mas a sua consciência permanece a mesma. É por essa razão que, se você olhar para dentro, não consegue calcular que idade tem — porque a idade não existe. Se você se voltar para dentro e observar, na tentativa de descobrir a sua idade, perceberá que você não tem idade, pois o tempo não existe. Você é exatamente igual ao que era quando criança ou quando jovem. Você é absolutamente o mesmo por dentro. Para saber a sua idade, você precisa olhar no calendário, no seu diário, na certidão de nascimento — você tem de olhar para alguma coisa que está fora de você. Dentro do seu ser, você não descobrirá idade ou envelhecimento. Interiormente, o tempo não existe. Você continua o mesmo — mesmo que exista uma nuvem chamada depressão ou uma nuvem chamada felicidade, você continua o mesmo.

Às vezes o céu se enche de nuvens negras — o céu não muda por causa das nuvens negras. E às vezes existem nuvens brancas também, e o céu não muda por causa dessas nuvens. As nuvens vêm e vão embora, e o céu permanece. As nuvens vêm e vão, e o céu se mantém.

Você é o céu e os pensamentos são as nuvens. Se você observar os seus pensamentos de minuto a minuto, se não perder nenhum, se olhá-los de frente, essa será a primeira coisa que você entenderá — e trata-se de um grande entendimento. Esse é o início da sua condição de buda, o início do seu despertar. Você não estará mais dormindo, não estará mais identificado com as nuvens que passam. Agora você sabe que permanece para sempre. De repente, toda ansiedade desaparece. Nada muda você, nada nunca mudará você — então para que ficar ansioso, angustiado? Para que ficar preocupado? A preocupação não servirá para nada. Essas coisas vêm e vão embora, elas são apenas ondulações na superfície. Nas profundezas do seu ser, nunca existirá nenhuma ondulação. E você está ali, você é esse ser. O pessoal do Zen chama esse estado de "ser um anfitrião".

Normalmente, você se identifica demais com os hóspedes — essa é a razão do seu sofrimento. Um hóspede vem e você se apega a ele. E, quando ele faz as malas e vai embora, você chora, soluça e corre atrás dele — você o acompanha, pelo menos para vê-lo partir, para despachá-lo. Depois você volta chorando — um hóspede se foi e você se sente péssimo. Depois outro hóspede chega e, mais uma vez, você o aceita, mais uma vez se identifica com ele e mais uma vez ele vai embora...

Os hóspedes vêm e vão embora; eles não ficam! Não podem ficar, não precisam ficar, não têm intenção de ficar.

Você já observou um pensamento? Ele nunca permanece, ele não pode permanecer. Mesmo que você queira, ele não permanece, não pode! Tente. É isso o que as pessoas tentam fazer às vezes — elas tentam ficar com uma palavra na cabeça. Por exemplo. Elas querem manter um som, *aum*, na mente. Durante alguns segundos, elas se lembram dele, mas depois ele se esvai, foge da lembrança. Mais uma vez elas começam a pensar no trabalho, na esposa, nos filhos... De repente, elas se dão conta — e o *aum*? O pensamento lhes fugiu!

Hóspedes são hóspedes — eles não vêm para ficar para sempre. Depois que você percebe que nada que acontece com você vem para ficar, para que se preocupar? Observe: deixe-os ficar ali, deixe-os fazer as malas, deixe-os partir. Você fica. Você consegue sentir a paz que brota em você quando percebe que você sempre permanece? Isso é silêncio. É um estado de despreocupação. De nenhuma angústia. O sofrimento acaba no momento em que a identificação acaba. Não se identifique — isso é tudo. E, se puder observar alguém que vive nessa atemporalidade eterna, você sentirá uma graciosidade, uma calma, uma beleza, em torno dela.

Aconteceu — a história é sobre Buda, uma bela história. Preste muita atenção nela, pois você pode não captá-la.

Um dia, na hora do almoço, o Venerado pelo Mundo colocou o seu manto, pegou a sua tigela e entrou na grande cidade de Sravasti para pedir por comida. Depois de ter esmolado de porta em porta, ele voltou ao seu lugar. Depois de fazer a sua refeição, ele deixou o manto e a tigela de lado, lavou os pés, arrumou o lugar onde se sentaria e se acomodou.

Vá bem devagar, como um filme em câmera lenta. Trata-se do filme de Buda e os filmes de Buda passam bem devagar. Deixe-me repetir a história...

Um dia, na hora do almoço, o Venerado pelo Mundo colocou o seu manto, pegou a sua tigela e entrou na grande cidade de Sravasti para pedir por comida. Depois de ter esmolado de porta em porta, ele voltou ao seu lugar. Depois de fazer a sua refeição, ele deixou o manto e a tigela de lado, lavou os pés, arrumou o lugar onde se sentaria e se acomodou.

Visualize Buda fazendo tudo isso e depois se sentando.

Isso mostra a vida comum e as atividades diárias de Buda, que eram bem parecidas com as das outras pessoas e nada tinham de especial. Existe, no entanto, algo que é bem incomum, embora poucas pessoas o percebam.

O que é? Qual é essa qualidade incomum, única? — sim, porque Buda está fazendo coisas comuns. Lavando os pés, arrumando o local onde vai se sentar, sentando-se, tirando o manto, deixando de lado a tigela, indo para a cama, voltando — coisas comuns que todo mundo faz.

...Subhuti, que estava presente, levantou-se de onde estava, descobriu o ombro direito, ajoelhou-se sobre o joelho direito, uniu respeitosamente as mãos e dirigiu-se ao Buda, dizendo, "É muito raro, oh! Venerado pelo Mundo! É muito raro!"

Ora, nada de tão raro parece haver na superfície. Buda chegou, tirou o manto, deixou a tigela de lado, arrumou o local onde ia sentar, lavou os pés, sentou-se — não parece haver nada de incomum nisso. E esse homem, Subhuti... Subhuti é um dos discípulos mais perspicazes de Buda — são muitas as histórias lindas e maravilhosas de Buda que têm relação com Subhuti. Essa é uma delas, uma história muito especial.

Nesse momento, o ancião Subhuti, que estava presente, levantou-se de onde estava, descobriu o ombro direito, ajoelhou-se sobre o joelho direito, uniu respeitosamente as mãos e dirigiu-se ao Buda, dizendo, "É muito raro, oh! Venerado pelo Mundo! É muito raro!"

Nunca visto antes, único.

As atividades diárias de Tathagata eram parecidas com as dos outros homens, mas havia uma coisa que era diferente, e aqueles que se sentavam frente a frente com ele não percebiam.

Nesse dia, de repente Subhuti descobriu-a, elogiou-a e disse, "Muito raro! Muito raro!"

Imagine! Havia trinta anos que o Tathagata estava com os seus discípulos e eles ainda não sabiam nada sobre os atos comuns da sua vida diária. Como não sabiam, eles achavam que esses atos eram comuns e eles passavam despercebidos. Achavam apenas que Buda era parecido com os outros homens e, portanto, suspeitavam dele ou não acreditavam no que ele dizia. Se Subhuti não tivesse constatado, ninguém teria conhecido Buda realmente.

Assim dizem as escrituras. Se não fosse Subhuti, ninguém teria visto o que acontecia interiormente. O que acontecia interiormente? Buda continuava sendo um anfitrião. Nem por um único instante ele perdeu a sua eternidade, a sua atemporalidade. Buda continuava meditativo. Nem por um único instante ele perdeu o seu *hua t'ou*. Buda continuava em seu *samadhi* — mesmo quando lavava os pés, ele fazia isso de maneira muito alerta, muito atenta, muito consciente. Sabendo muito bem que "eu não sou estes pés". Sabendo muito bem que "eu não sou esta tigela"; que "eu não sou este manto"; que "eu não sou esta fome"; que "Eu não sou nada do que está à minha volta. Sou apenas uma testemunha, um observador de tudo".

Por isso a elegância de Buda, por isso a sua beleza etérea. Ele se mantém calmo. Essa calma é que é meditação. Ela é atingida ficando-se mais alerta com relação ao anfitrião, mais alerta com relação ao hóspede, desidentificando-se do hóspede, desconectando-se dele. Os pensamentos vêm e vão, os sentimentos vêm e vão, os sonhos vêm e vão, os estados de espírito vêm e vão, os climas vêm e vão. Tudo o que muda não é você.

Existe algo que continue igual? Isso é você. E isso é divindade. E conhecer isso, ser isso, ficar nisso é atingir o *samadhi*. A meditação é o método, o *samadhi* é o objetivo. A meditação, *dhyana*, é a técnica para destruir essa identificação com o hóspede. E *samadhi* é dissolver-se no anfitrião, permanecer no anfitrião, ficar centrado ali.

Toda noite você abraça um buda enquanto dorme,
toda manhã levanta mais uma vez com ele.
Ao se levantar e ao se sentar, ambos observam
e seguem um ao outro.
Falando ou não, ambos estão no mesmo lugar.
Em momento algum eles se separam,
mas são como o corpo e a sua sombra.
Se você quer conhecer o paradeiro do buda,
no som da sua própria voz, é ali que ele está.

Esse é um ditado zen: "Toda noite você abraça um buda enquanto dorme". O Buda está sempre ali, o não-Buda também está sempre ali. Em você encontre o mundo e o nirvana, em você encontre o imaterial e a matéria, em você encontre a alma e o corpo. Em você encontre todos os mistérios da existência — você é um ponto de encontro, é uma encruzilhada. De um lado está o mundo inteiro, do outro lado está todo o extra-mundano. Você é só uma ligação entre os dois. Ora, é só uma questão de ênfase. Se você continuar a se focar neste mundo, você continuará neste mundo. Se começar a mudar o seu foco, se alterá-lo e começar a focar a consciência, você é um deus. É só uma pequena mudança, como mudar a marcha do carro — só isso.

"Toda noite você abraça um buda enquanto dorme, toda manhã levanta-se mais uma vez com ele." Ele está sempre ali, porque a consciência está sempre ali; ele não se perde nem por um momento sequer.

"Ao se levantar e ao se sentar, ambos observam e seguem um ao outro." O anfitrião e o hóspede, ambos estão ali. Os hóspedes nunca param de mudar, mas sempre há alguém na hospedaria. Ela nunca está vazia — a menos que você se desidentifique do hóspede. Então surge o vazio. Aí acontece de às vezes a hospedaria ficar vazia; só fica o anfitrião sentado à vontade, sem se preocupar com nenhum hóspede. Acaba a movimentação, os hóspedes não chegam. Esses momentos são de beatitude, de uma grande bênção.

"Falando ou não, ambos estão no mesmo lugar." Quando você fala, também existe algo em silêncio dentro de você. Quando você sente luxúria, existe algo além dessa luxúria. Quando você deseja, existe alguém que não está desejando coisa nenhuma. Observe e você verá. Sim, vocês estão bem próximos e, mesmo assim, são muito diferentes. Vocês se encontram e, no entanto, não se encontram. Vocês se encontram como água e óleo; a separação continua. O anfitrião chega muito perto do hóspede. Às vezes eles se dão as mãos e se abraçam; mas o anfitrião continua sendo o anfitrião e o hóspede continua sendo o hóspede. O hóspede é aquele que chega e vai embora; os hóspedes continuarão mudando. E o anfitrião é o que permanece, que fica.

"Em momento algum eles se separam, mas são como o corpo e a sua sombra. Se você quiser conhecer o paradeiro do Buda, no som da sua própria voz, é ali que ele está." Não continue procurando o Buda em outros lugares. Ele reside em você — reside em você, o anfitrião.

Agora, como chegar ao estado de anfitrião? Eu gostaria de comentar sobre uma técnica muito antiga; essa técnica será extremamente útil. Para chegar a esse anfitrião impenetrável, para chegar nesse mistério supremo do seu ser, este é o caminho — um dos caminhos mais simples que Buda já propôs:

Despoje-se de todos os relacionamentos possíveis e veja quem você é. Suponha que você não seja o filho dos seus pais, nem o marido da sua mulher, nem o pai dos seus filhos, nem um mem-

bro da sua família, nem um conhecido dos seus vizinhos, nem um cidadão do seu país, e assim por diante — aí você chega no ser-dentro-de-si-mesmo.

Simplesmente se desconecte. Um dia destes, sente-se em silêncio e se desligue de todas as conexões. Assim como você desliga o telefone, desligue-se de todas as conexões. Não pense mais que você é o pai dos seus filhos — desconecte-se. Você não é mais o pai do seu filho, nem é mais o filho do seu pai. Desligue-se da idéia de que você é marido ou esposa de alguém; você não é mais uma esposa, nem é mais um marido. Você não é mais chefe de ninguém, nem empregado de ninguém. Você não é nem preto nem branco. Não é mais indiano, chinês, alemão. Você não é mais nem jovem nem velho. Desconecte-se e continue se desconectando.

Existem milhares de conexões — simplesmente continue se desligando de todas. Quando tiver acabado de se desconectar de todas elas, pergunte de repente: Quem sou eu? E não lhe ocorrerá nenhuma resposta, pois você já se desligou de todas as respostas que poderiam lhe ocorrer.

"Quem sou eu?" e vem uma resposta — "Eu sou médico" —, mas você já se desconectou dos seus pacientes. Vem uma resposta — "Sou professor" —, mas você já se desconectou dos seus alunos. Vem uma resposta — "Sou chinês" —, mas você já se desconectou disso. Vem uma resposta — "Sou um homem" ou "Sou uma mulher" —, mas você já se desconectou disso também. Vem uma resposta — "Sou um velho" —, mas você já se desconectou disso.

Desconecte-se de tudo. Assim você fica em si mesmo. Então, pela primeira vez o anfitrião fica sozinho e não há nenhum hóspede. É muito bom ficar sozinho de vez em quando, sem nenhum hóspede, pois você pode ficar mais perto da sua condição de anfitrião, mais atento a ela. Os hóspedes causam um certo tumulto, fazem barulho, chegam e exigem atenção. Dizem, "Faça isto para mim, preciso de água quente, onde é o café da manhã? Onde é o meu quarto? Há pulgas na minha cama!" Acontecem milhares de coisas com os hóspedes e o anfitrião precisa correr atrás deles, "É claro, você tem de tomar conta dessas pessoas!"

Quando você se desliga completamente, ninguém incomoda você — ninguém *pode* incomodar você. De repente você fica ali com toda a sua solitude — e com a pureza da solitude, com a pureza intacta da solitude. Você é uma terra virgem outra vez, um pico imaculado do Himalaia, onde ninguém jamais esteve.

Isso é que é virgindade. Isso é o que quero dizer quando afirmo que "Sim, a mãe de Jesus era uma virgem". É isso o que eu quero dizer. Eu não concordo com os teólogos cristãos — tudo o que eles dizem é um disparate. Isso é que é virgindade — Jesus deve ter sido concebido por Maria quando ela estava nesse estado de desconexão. Quando você está nesse estado, é claro que, se uma criança for concebida, ela só pode ser alguém como Jesus, mais ninguém.

Na antiga Índia, havia métodos sobre como se conceber uma criança. A menos que você esteja em profunda meditação, não faça amor. Faça com que a meditação seja uma preparação para o amor: é nisso que consiste todo o significado do tantra. Deixe que a meditação seja a base — só então faça amor. Assim você convida grandes almas. Quanto mais profundo você for, mais grandiosa será a alma convidada.

Maria devia estar em profunda desconexão quando concebeu Jesus. Ela devia estar nessa virgindade; devia estar na posição de hospedeira. Ela não era mais uma hóspede, não devia estar mais sendo atormentada pelo hóspede, nem identificada por ele. Ela não era o corpo, não era a mente, não era os pensamentos — ela não era esposa, não era ninguém. Nesse estado de não ser ninguém, ela estava ali, sentada em silêncio — pura luz, uma chama sem nenhuma fumaça em torno dela, uma chama desprovida de fumaça. Ela era virgem.

E eu digo a você que aconteceu exatamente a mesma coisa quando Buda foi concebido, quando Mahavira foi concebido, ou Krishna ou Nanak — porque essas pessoas não poderiam ser concebidas de outra maneira. Elas só poderiam entrar no ventre da mais pura virgem. Mas esse é o significado de ser virgem. Ele não tem nada a ver com as idéias tolas que correm por aí — de que ela nunca tinha feito amor com um homem, que Jesus não foi concebido com um homem, que Jesus não era filho de José. É por isso que os cristãos continuam dizendo, "Jesus, o filho de Maria". Eles não falam sobre o pai dele; José não era o pai. "Filho de Maria" e "Filho de Deus" — José não estava entre eles. Mas por que tanta bronca do pobre José? Por que Deus não podia usar José também, se ele usou Maria? O que há de errado nisso? Ele usou o ventre de Maria e isso não estragou a história; então por que não usar José também? O ventre é metade da história, porque um óvulo da mãe foi usado; então por que não usar o esperma de José? Por que tanta implicância com esse pobre carpinteiro?

Não, a existência usou ambos. Mas o estado de consciência deve ter sido do anfitrião. E, na verdade, quando você é o anfitrião, não é nenhuma surpresa que você receba um grande hóspede — chegou Jesus! Se você está desidentificado de todos os hóspedes, então o divino se torna um hóspede. Primeiro você se torna um anfitrião, um anfitrião puro. Depois o divino se torna um hóspede.

Quando está desconectado, você atinge o ser-em-si-mesmo. Agora pergunte-se: quem é o ser-em-si-mesmo? Não dá para responder a essa pergunta — ela é irrespondível, pois está apartada de todos os relacionamentos conhecidos. Desse modo a pessoa acaba se deparando com o incognoscível; isso é entrar em meditação. Quando você repousa na meditação, repousa completamente, isso se torna iluminação.

O MESTRE ZEN E O LADRÃO – UMA PARÁBOLA DO PERDÃO

Quando Bankei iniciou o seu retiro de meditação, muitos alunos vieram de várias partes do Japão para participar. Durante uma das reuniões com os alunos, um deles foi pego roubando. Comunicaram o problema a Bankei, com o pedido de que o aluno fosse expulso. Bankei ignorou o caso.

O aluno foi pego, posteriormente, na mesma situação e mais uma vez Bankei não deu atenção ao ocorrido. Essa atitude revoltou os outros alunos, que assinaram uma petição para que o ladrão se retirasse, caso contrário, todos eles iriam embora.

Quando Bankei leu a petição, pediu que todos os alunos se apresentassem diante dele. "Vocês são sábios irmãos", ele lhes disse. "Sabem o que é certo e o que não é. Vocês podem ir estudar em outro lugar se quiserem, mas esse pobre irmão não sabe nem distinguir o certo do errado. Quem poderá ensiná-lo senão eu? Eu vou mantê-lo aqui, mesmo que o resto de vocês vá embora."

Uma torrente de lágrimas lavou o rosto do irmão que havia roubado. Todo o desejo de roubar havia se desvanecido.

Essa história se passa num acampamento de meditação, numa sessão de meditação, por isso você tem de entender o que é meditação. É por isso que eu mergulho tão fundo na meditação — do contrário, você não entenderia o ponto principal dessa história. Essas histórias não são histórias comuns, elas precisam de muitas informações preliminares. A menos que entenda o que é meditação, você lerá: "Quando Bankei iniciou o seu retiro de meditação", mas não entenderá nada.

... alunos vieram de várias partes do Japão para participar. Durante uma das reuniões com os alunos, um deles foi pego roubando.

Esses alunos estão em todo lugar, porque o ser humano só pensa em dinheiro. E não pense que a pessoa que estava roubando era muito diferente das que estavam sendo roubadas; elas estavam todas no mesmo barco. Todas só pensavam em dinheiro. Algumas tinham dinheiro, uma não tinha — essa era a diferença. Mas todos só pensavam em dinheiro.

Comunicaram o problema a Bankei, com o pedido de que o aluno fosse expulso. Bankei ignorou o caso.

Por que ele ignorou o caso? Porque todos só pensavam em dinheiro. Todos eram ladrões — um ladrão estava tentando roubar dos outros, só isso. Neste mundo, se você acumula coisas você se torna um ladrão; se você tem alguma coisa, você se torna um ladrão. Existem dois tipos de ladrão neste mundo: um deles é constituído de ladrões respeitáveis, reconhecidos pelo Estado, sancionados, registrados, autorizados pelo Estado — e o outro tipo consiste em pessoas desautorizadas, que roubam por conta própria. Existe o roubo legal e o roubo ilegal. Os ladrões que estão dentro da lei são respeitados; os que não estão dentro da lei, evidentemente, não são respeitados, porque eles não seguem as regras.

As pessoas espertas nunca vão contra as regras, elas encontram maneiras de roubar sem violar as regras. Mas existem algumas pessoas que não são tão espertas assim. Ao ver que respeitando as regras elas nunca terão nada, decidem violar as regras e começam a fazer coisas ilegais. Mas todo mundo é maníaco por dinheiro. Foi por isso que Bankei ignorou o caso.

O aluno foi pego, posteriormente, na mesma situação e mais uma vez Bankei não deu atenção ao ocorrido.

Ele sabia que estavam todos no mesmo barco; não havia muita diferença.

Você ficaria surpreso se soubesse que, quando um homem tem sucesso em seus atos criminosos, ele se torna uma pessoa respeitável. Somente quando fracassa, ele se torna um criminoso. Os ladrões bem-sucedidos tornam-se reis e os reis mal-sucedidos tornam-se ladrões. É só uma questão de saber quem é bem-sucedido. Se é poderoso, você é um grande imperador. Mas o que dizer de Alexandre? De Alexandre o Grande? Um grande ladrão — mas foi bem-sucedido.

Os seus pretensos políticos são todos ladrões. Eles tentam acabar com outros ladrões — podem combater o contrabando, podem combater os roubos, podem combater isto e aquilo. Mas, lá no fundo, eles são os maiores contrabandistas de todos, são os maiores ladrões de todos. Mas fazem as coisas legalmente — ou pelo menos se empenham para que pareça que estão fazendo tudo legalmente. E eles são bem-sucedidos, pelo menos enquanto estão no poder. Quando saem do poder, então todas aquelas belas histórias sobre eles são simplesmente esquecidas.

Depois que um político é deposto do cargo, ele se torna um fenômeno muito desagradável. Ele pode ser Richard Nixon ou pode ser Indira Gandhi. Depois que um político perde o cargo, depois que sai do poder, depois que o poder não o protege mais, tudo fica à mostra. Depois que descobre como uma pessoa conseguiu enriquecer, você não consegue mais respeitá-la. Mas, se a pessoa é realmente rica, ela consegue comprar o silêncio das outras. E as pessoas têm uma memória muito curta — elas esquecem.

Eu estava lendo num livro de história que vinte pessoas foram expulsas da Inglaterra por serem piratas. E o que aconteceu trinta anos depois? Das vinte, algumas foram para a Austrália e outras para os Estados Unidos. Algumas delas se tornaram governadores nos Estados Unidos e outras se tornaram banqueiros, latifundiários — todas as vinte se tornaram pessoas extremamente respeitáveis.

Foi por isso que Bankei ignorou a situação. Ele não deu muita atenção, nem levou em consideração. "Tudo bem, é isso o que anda acontecendo neste mundo." A pessoa que não pensa só em dinheiro simplesmente ignoraria o ocorrido.

Essa atitude revoltou os outros alunos, que assinaram uma petição para que o ladrão se retirasse, caso contrário, todos eles iriam embora.

Essas pessoas não estavam lá para meditar coisa nenhuma. Se tivessem ido meditar, daria para entender que houvesse alguns pedidos — para que o ladrão não pensasse tanto em dinheiro, para que se desapegassem um pouco de todas as suas posses. Que não tinha tanta importância que alguém tivesse roubado umas poucas rúpias — isso não era tão importante, não era uma questão de vida ou morte. Que elas tinham de entender como a mente funciona, como são as pessoas que só pensam em dinheiro.

Você é contra o ladrão porque ele leva o seu dinheiro. Mas como o dinheiro passou a ser seu? Você deve ter pego esse dinheiro de outra pessoa de algum modo — porque ninguém traz dinheiro consigo quando nasce, nós viemos todos de mãos vazias. Tudo o que possuímos nós dizemos que é nosso, mas nada pertence a ninguém. Se uma pessoa tivesse realmente ido meditar naquele retiro, essa seria a atitude dela — saber que nada pertence a ninguém. Ela estaria cada vez menos apegada às coisas.

Mas essas pessoas só pensavam em dinheiro. E, quando você só pensa em dinheiro, é natural que a política entre em cena.

Quando viram que o roubo foi ignorado duas vezes, elas devem ter pensado, "Que tipo de mestre é esse? Parece que ele está a favor do ladrão!" Elas não conseguiam entender por que ele estava ignorando o roubo. Mas ele o estava ignorando só para mostrar-lhes que elas tinham de parar de pensar tanto em dinheiro. Sim, roubar é ruim, mas só pensar em dinheiro também não é bom.

Quando viram que tinham sido ignoradas outra vez, elas ficaram zangadas. Assinaram uma petição — a política entrou imediatamente em ação, protesto, petição — "para que o ladrão se retirasse, caso contrário, todas elas iriam embora".

Elas não estavam lá para meditar coisa nenhuma. Se estivessem realmente para meditar, teriam encarado o problema de modo totalmente diferente. Teriam sentido um pouco mais de compaixão pelo homem, pela sua ganância por dinheiro. Se fossem meditadores de verdade, elas teriam arrecadado algum dinheiro e oferecido ao homem — "Por favor, fique com este dinheiro em vez de roubar". Esse teria sido um sinal de que elas estavam lá para meditar, para serem transformadas.

Mas elas assinaram uma petição para que o ladrão se retirasse, caso contrário, todas iriam embora.

Você não pode ameaçar um mestre como Bankei.

Quando Bankei leu a petição, pediu que todos os alunos se apresentassem diante dele. "Vocês são sábios irmãos", ele lhes disse. "Sabem o que é certo e o que não é. Vocês podem ir estudar em outro lugar se quiserem, mas esse pobre irmão não sabe nem distinguir o certo do errado. Quem poderá ensiná-lo senão eu? Eu vou mantê-lo aqui, mesmo que o resto de vocês vá embora."

É preciso entender muitas coisas. Quando o mestre diz, "Vocês são sábios irmãos", ele está zombando deles, está simplesmente lhes dando um tapa na cara. Não está dizendo que eles são sábios, está dizendo que são completamente tolos. Mas todos os tolos se consideram sábios. Na verdade, considerar-se sábio é um dos requisitos básicos para ser um tolo. As pessoas sábias não se consideram sábias. As pessoas tolas sempre se consideram sábias.

Ora, essas são todas tolas. Elas não estavam ali para possuir dinheiro, não estavam ali para ganhar dinheiro — estavam ali para conquistar algo maior, mais elevado, mas se esqueceram de tudo isso. Na verdade, esse homem deu a elas uma oportunidade de enxergar. Se fossem meditadores de verdade, elas teriam procurado esse homem e agradecido a ele — "Você nos deu uma chance de enxergar como somos apegados a dinheiro. Como vocês nos deixou incomodados! Tínhamos nos esquecido completamente da meditação, do motivo de termos vindo. Tínhamos nos esquecido desse mestre, Bankei".

Essas pessoas talvez tivessem viajado centenas de quilômetros, talvez milhares. Devem ter viajado durante meses, pois naquela época as viagens não eram fáceis. Elas tinham chegado, ouvido sobre esse mestre e vindo de lugares distantes para estudar meditação com ele. E alguém rouba e elas se esquecem de tudo! Elas deveriam ter agradecido ao ladrão: "Você nos fez tomar consciência de algo — um apego insano a dinheiro veio à tona".

> A vida é tão complexa e é tão sutil também que não dá para decidir com tanta facilidade que você está certo e que o outro está errado. Na verdade, uma pessoa com um pouco de entendimento verá que nunca cai na armadilha de ser correta.

Quando Bankei diz, "Vocês são sábios irmãos", ele estava fazendo piada. Estava dizendo, "Vocês são uns tolos perfeitos. Mas acham que são sábios, acham que sabem o que é certo e o que é errado. Vocês estão querendo até *me* ensinar o que é certo e o que é errado. Estão me dizendo, 'Jogue esse homem para fora, do contrário vamos todos embora'. Vocês estão tentando ditar as normas para mim. Vocês acham que sabem o que é certo ou errado? Então vocês podem ir a qualquer lugar — porque são tão sábios, podem aprender em qualquer lugar. Mas aonde esse homem vai? Ele não passa de um tolo!"

Veja só que ironia. Lembre-se, a retidão da pessoa correta nunca é muito certa. As pessoas que se consideram corretas são, na maioria das vezes, umas idiotas. A vida é tão complexa e é tão sutil também que não dá para decidir com tanta facilidade que você está certo e que o outro está errado. Na verdade, uma pessoa com um pouco de entendimento verá que nunca cai na armadilha de ser correta.

Ora, esses alunos de Bankei acham que sabem o que é certo ou errado: esse ladrão tinha cometido um erro e o mestre tinha de expulsá-lo. E, se o mestre não o expulsasse, então o mestre também estava errado. Essas pessoas estavam muito convencidas da sabedoria delas; achavam que sabiam das coisas. Não viam a compaixão do mestre, não viam a meditação do mestre. Não viam que o mestre tinha se tornado um buda — Bankei é um dos maiores mestres zen que já existiram. Elas não viam quem estava presente diante deles, e por isso protestaram e o ameaçaram.

O ser humano é um completo idiota — ele tem feito todo tipo de bobagem ao longo das eras. E as maiores bobagens cometidas foram diante de um buda — porque a pessoa não consegue entender, não consegue ver quem ela está confrontando. Ela continua agindo de maneira infantil e juvenil; continua falando asneira.

Bankei diz:

Vocês são sábios irmãos. Vocês sabem o que é certo e o que não é. Vocês podem ir estudar em outro lugar se quiserem, mas esse pobre irmão não sabe nem distinguir o certo do errado. Quem poderá ensiná-lo senão eu?

Vocês podem ir, eu continuarei com ele e o ensinarei.

Eu vou mantê-lo aqui, mesmo que o resto de vocês vá embora.

Às vezes, é mais difícil ensinar a pessoa que pensa que está certa do que a que pensa que não está certa. É mais fácil ensinar um criminoso do que ensinar um santo. É mais fácil ensinar um homem que está no fundo do poço, que acha que fez algo errado — porque ele está pronto para aprender. Ele mesmo quer se livrar desse estado. Mas o homem que acha que está certo — ele não quer se livrar desse estado, ele está perfeitamente feliz assim. É impossível mudá-lo.

Por que o mestre disse, "Vocês todos podem ir, pois eu manterei esse homem, esse pobre irmão aqui"? Por quê? Porque esse pobre irmão tem uma possibilidade, tem uma potencialidade.

Uma vez um homem, um grande criminoso, assassino, pecador, procurou Buda para que ele o iniciasse. Quando esse homem chegou, ele ficou com receio de que as pessoas não o deixassem entrar; os discípulos poderiam não deixar que ele visse Buda. Por isso ele chegou numa hora em que não havia muitas pessoas por perto e não entrou pelo portão principal; ele pulou o muro.

Por acaso, Buda não estava lá — ele tinha saído para pedir esmolas — e o homem foi pego. Ele disse aos discípulos, "Eu não vim roubar nem fazer nada desse tipo, eu só estava com medo de que vocês não me deixassem entrar pelo portão principal. Todo mundo me conhece, eu sou uma figura bem conhecida por aqui. Sou a pessoa mais temida e odiada das redondezas, todo mundo me conhece. Então fiquei com receio que vocês não me deixassem entrar, vocês podiam não acreditar que eu quero me tornar um discípulo".

Então eles levaram o homem ao maior dos discípulos de Buda, Sariputra — que era um astrólogo também e tinha uma capacidade, uma capacidade telepática, de ver as vidas passadas das pessoas. Eles perguntaram a Sariputra, "Olhe este homem. Sabemos que nesta vida ele é um assassino, um pecador, um ladrão, e já fez todo tipo de coisa. Mas talvez ele tenha conquistado alguma virtude em suas vidas passadas — talvez por isso ele queira se tornar um saniasin. Examine as vidas passadas dele".

Sariputra examinou as oitenta mil vidas passadas dele... ele sempre fora o mesmo! Até mesmo Sariputra começou a tremer diante desse homem. Ele era muito perigoso — nas oitenta mil vidas ele tinha sido um assassino, um criminoso, um pecador. Ele era um pecador *inveterado*! Era impossível — nenhuma mudança nesse homem era possível. Nem Buda poderia fazer alguma coisa a respeito.

Sariputra disse, "Expulsem esse homem, levem-no daqui imediatamente — porque nem Buda conseguirá fazer alguma coisa por ele. Ele é um pecador inveterado. Assim como Buda é um buda inveterado, ele é um pecador inveterado. Oitenta mil vidas eu vi e não pude enxergar nada além disso. Agora basta!"

Então o homem foi posto para fora. Ele ficou muito ressentido, aquela era a sua última chance. Vivo, ele não poderia conviver com Buda — então resolveu se suicidar. Logo na esquina do portão principal ele encontrou um muro e começou a bater a cabeça contra as pedras do muro, para se matar. E de repente, Buda voltou das suas caminhadas para pedir esmolas e viu esse homem. Ele o deteve, levou-o para dentro e iniciou-o.

E a história conta que, em sete dias, o homem se tornou um *arhat* — em sete dias ele se tornou um homem iluminado. Claro, todo mundo ficou perplexo. Sariputra procurou Buda e disse, "Que negócio é esse? Toda a minha clarividência, toda a minha astrologia é pura bobagem? Eu vi oitenta mil vidas desse homem! Se ele pode se iluminar em sete dias, então para que examinar as vidas passadas das pessoas? Isso tudo é um absurdo! Como uma coisa dessas pode acontecer?"

E Buda explicou, "Você olhou o passado, não olhou o futuro. E passado é passado! No momento em que uma pessoa resolve mudar, ela pode mudar — a própria decisão é decisiva. E quando um homem vive oitenta mil vidas no sofrimento, ele sabe — e anseia pela mudança; a sua intensidade de propósito para mudar é infinita. Por isso, ela pode acontecer em sete dias".

"Sariputra, você ainda não é iluminado. Você é um bom homem, tem vidas boas — você não é tão oprimido pelo passado. Você tem uma espécie de retidão e integridade à sua volta. Há muitas vidas você é um Brahmin, um erudito, uma pessoa respeitada. Mas olhe esse homem. Ele foi oprimido em todas as suas oitenta mil vidas e queria se libertar. Ele realmente queria se libertar; por isso o milagre — em sete dias ele estava fora da prisão. A intensidade do seu passado o impulsionou."

Essa é uma das coisas básicas que é preciso entender na transformação das pessoas. Aquelas que se sentem culpadas são facilmente transformadas. As pessoas que se sentem bem, que acham que estão certas, é muito difícil transformar. As pessoas religiosas são difíceis de transformar, as não-religiosas são fáceis. Então, sempre que uma pessoa religiosa me procura, eu não faço muito caso dela. Mas sempre que uma pessoa não-religiosa me procura, eu realmente me interesso. Eu me dedico a ela, fico ao lado dela, faço tudo por ela, porque existe uma possibilidade.

É por isso que Bankei diz,

"Quem poderá ensiná-lo senão eu? Eu vou mantê-lo aqui, mesmo que o resto de vocês vá embora."

Uma torrente de lágrimas lavou o rosto do irmão que havia roubado. Todo o desejo de roubar havia se desvanecido.

E nessa mostra abundante de compaixão do mestre, o ladrão deixou de ser ladrão; ele foi completamente purificado. Ele começou a chorar e essas lágrimas lavaram o seu coração. *Uma torrente de lágrimas lavou o rosto do irmão que havia roubado. Todo o desejo de roubar havia se desvanecido.* Esse é o milagre da presença de um mestre. E a história não revela o que aconteceu com todas essas pessoas políticas.

Esse é o mistério da vida. Nunca se sinta tão correto, nunca finja que está certo — nunca se apegue a uma idéia. E nunca pense que a outra pessoa está errada, pois essas duas coisas andam juntas — se você acha que está certo, sempre condena os outros e acha que a outra pessoa está errada. Nunca condene ninguém e nunca exalte a si mesmo; do contrário você se perderá. Aceite o modo como as pessoas são. Esse é o jeito delas, e quem é você para decidir se elas estão certas ou erradas. Se elas estão erradas vão sofrer, se estiverem certas vão ser abençoadas. Mas quem é você para condená-las?

A sua condenação faz o seu ego crescer. É por isso que as pessoas falam tanto sobre os erros dos outros — isso lhe dá a sensação de que estão certas. Alguém é assassino e isso provoca nelas um sentimento bom, "Eu não sou assassino — pelo menos não sou assassino". Alguém é ladrão e elas se sentem bem: "Eu não sou ladrão". E assim por diante; o ego delas fica cada vez mais forte. As pessoas comentam sobre os pecados dos outros, sobre os crimes dos outros e sobre todo tipo de erro que existe na vida dos outros. Elas nunca param de falar sobre isso. Elas exageram e gostam disso — isso provoca nelas um sentimento de que "Eu sou bom". Mas esse sentimento se tornará uma barreira.

Seja compassivo, seja inteligente, seja amoroso. Olhe os outros sem julgá-los. E nunca se sinta correto, íntegro, nunca comece a se sentir como se você fosse santo. Nunca se torne a "Sua Santidade". Nunca.

Continue sendo uma pessoa comum, um joão-ninguém. E nesse estado de não ser ninguém surge o hóspede supremo... nesse estado você se torna o anfitrião.

CORAÇÕES E MENTES – RESPOSTAS A PERGUNTAS

O que significa tentar ajudar outra pessoa? Muitas vezes isso parece mais uma tentativa de mudá-la do que de respeitá-la e amá-la incondicionalmente. Você pode falar sobre isso?

Existe uma grande diferença, uma diferença fundamental, entre tentar mudar uma pessoa e tentar ajudá-la. Quando ajuda alguém, você ajuda a pessoa a ser quem é; quando tenta mudar alguém, você tenta mudar a pessoa de acordo com a idéia que você tem na cabeça. Quando tenta mudar alguém, você tenta tornar a pessoa uma cópia a papel carbono. Você não está interessado na pessoa; você tem uma certa ideologia, uma idéia fixa, um ideal e tenta mudar a pessoa de acordo com esse ideal. O ideal é mais importante, o ser humano de verdade não tem importância nenhuma.

Na verdade, tentar mudar outra pessoa de acordo com um ideal é um ato de violência. É uma agressão, é uma tentativa de destruir o outro. Não é amor. Não é compaixão. A compaixão sempre deixa o outro ser o que é. A compaixão não tem ideologia, ela é só um clima. Ela não dá a você uma direção, só lhe dá energia. Então você a acompanha. A sua semente tem de brotar de acordo com a sua própria natureza. Não há ninguém forçando você a fazer nada.

Quando eu digo, "Vá e ajude os outros", eu estou dizendo para você ajudá-los a ser eles mesmos. Quando eu digo que o mundo não é religioso por causa dos muitos pregadores que existem por aí, o que eu quero dizer é que existem pessoas demais tentando mudar, converter e transformar os outros de acordo com as suas próprias ideologias. A idéia não pode ser mais importante do que a pessoa. Nem a humanidade inteira é mais importante do que um único ser humano. A humanidade é uma idéia; um único ser humano é uma realidade.

Esqueça a humanidade, lembre-se do ser humano — o real, o concreto, o palpitante, o vivo. É muito fácil sacrificar seres humanos em nome da humanidade. É muito fácil sacrificar seres humanos pelo Islamismo, pelo Cristianismo, pelo Hinduísmo; é muito fácil sacrificá-los pela idéia de Cristo, de Buda. Ajude, mas não sacrifique. Quem é você para sacrificar alguém? Cada indivíduo é um fim em si mesmo. Não o use como um meio.

> Esqueça a humanidade, lembre-se do ser humano — o real, o concreto, o palpitante, o vivo. É muito fácil sacrificar seres humanos em nome da humanidade.

É esse o significado quando Jesus diz, "O Sabá é feito para o homem, não o homem para o Sabá". Tudo é feito para o homem; o homem é o valor supremo. Até a idéia de Deus é para o homem; o homem não é feito para a idéia de Deus. Sacrifique tudo pelo homem e não sacrifique o homem por coisa nenhuma. Assim você o ajuda.

Se você começar a sacrificar o ser humano, então você não está ajudando. Você está destruindo, está mutilando o outro.

Você está sendo violento, um criminoso. Portanto, todos os seus pretensos mestres religiosos que tentam mudar as outras pessoas são criminosos. A pessoa só pode amar, ajudar, se estiver disposta a dar incondicionalmente.

Compartilhe o seu ser, mas deixe que a outra pessoa siga o seu próprio destino. Esse destino é desconhecido; ninguém sabe o que vai florescer. Não estabeleça um padrão, do contrário a flor será massacrada. E lembre-se de que todo ser é único. A existência nunca se repete, ela não é repetitiva. Ela nunca pára de inventar.

Se você está tentando fazer com que um homem seja como Jesus, você será destrutivo. Ninguém pode ser como Jesus. E não é necessário! Uma só pessoa é maravilhosa, muitas pessoas será uma chatice. Não tente fazer de ninguém um buda. Deixe que a pessoa seja ela mesma; essa é a sua condição de buda. E nem você sabe nem ela mesma sabe o que ela carrega dentro de si. Isso só o futuro mostrará. Não só você ficará surpreso; ela mesma se surpreenderá quando a sua flor se abrir. Todo mundo carrega uma flor de potencialidade e poder infinitos, de possibilidade infinita.

Você só pode ser você mesmo. Todo o resto será falsidade, será só uma máscara, uma personalidade, mas não a sua essência.

Ajude, dê energia, amor. Aceite o outro e faça com que ele sinta que é bem-vindo. Não faça com que se sinta culpado, não dê a ele a idéia de que foi condenado. Todos que estão tentando mudá-lo provocam nele um sentimento de culpa e a culpa é um veneno.

Quando alguém diz, "Seja como Jesus!", essa pessoa está negando você do jeito que é. Sempre que alguém diz para que você seja como outra pessoa, isso é sinal de que *você* não está sendo aceito. Você não é bem-vindo. Você é como um intruso. A menos que você seja como outra pessoa, não será amado. Que tipo de amor é esse, que destrói você e que só o ama quando você se torna falso, sem autenticidade?

Você só pode ser você mesmo. Todo o resto será falsidade, será só uma máscara, uma personalidade, mas não a sua essência. Você pode se enfeitar com a personalidade do Buda, mas ela nunca tocará o seu coração. Ela nunca estará relacionada a você, nunca estará ligada a você. Ela estará apenas do lado de fora. Será um rosto, mas não o seu rosto.

Portanto, seja quem for que esteja tentando fazer de você outra pessoa e dizendo, "Eu amarei você se você for como Buda, como Cristo...", essa pessoa não ama você. Ela pode estar apaixonada por Cristo, mas odeia você. E o amor dela por Cristo também não pode ser muito profundo, porque, se ela realmente amasse Jesus, compreenderia a natureza absolutamente única de todo indivíduo.

O amor é uma compreensão profunda. Se você ama uma pessoa, isso desencadeia um tipo diferente de visão dentro de você. Você passa a ver com clareza. Se você ama Jesus, sempre que uma pessoa estiver diante de você, você verá a realidade dela, desse ser humano concreto, dessa potencialidade aqui e agora. E você amará essa pessoa, você a ajudará a ser aquilo que ela pode ser. Você não esperará nada além disso. Toda expectativa é condenação, toda expectativa é negação, toda expectativa é rejeição. Você simplesmente oferece o seu amor — sem nada em troca, sem nenhum resultado. Você simplesmente ajuda, sem pensar no futuro.

Quando o amor flui sem que se cogite o futuro, ele é uma tremenda energia. Quando o amor flui sem motivação, ele ajuda — e nada ajuda mais do que ele. Depois que você sente que

Quem é você para mudar alguém?

Isso é perigoso; é assim que nascem pessoas como Adolf Hitler.

Elas assumem a responsabilidade de mudar o mundo inteiro de acordo com elas mesmas.

um único ser humano aceita você como é, você se sente centrado. Você deixa de ser mal recebido nesta existência. Pelo menos um ser humano aceita você incondicionalmente. Isso dá a você a sensação de estar ancorado, centrado; provoca em você o sentimento de que está em casa. Quando está longe de si mesmo, você está longe da existência, longe de casa. A distância entre você e você mesmo é a distância entre você e a sua casa, e essa é a única distância que existe, não existe outra. Portanto, sempre que alguém diz, "Seja outra pessoa", ela está afastando você de casa. Você ficará falso, carregará uma máscara. Você terá uma personalidade, um caráter e milhares de outras coisas, mas não terá alma; não terá o essencial. Você não será uma testemunha, será uma decepção; um pseudofenômeno, não será autêntico.

Por isso, quando eu digo ajude, estou dizendo simplesmente para você criar uma atmosfera em torno das pessoas. Sempre que andar por aí, carregue consigo uma atmosfera de amor e de compaixão, e ajude o outro a ser ele mesmo.

Essa é a coisa mais difícil deste mundo — ajudar o outro a ser ele mesmo —, porque isso vai contra o seu ego. O seu ego gostaria de tornar os outros uns imitadores. Você gostaria que todo mundo imitasse você; gostaria de se tornar um arquétipo e ver todo mundo seguindo você. Então o seu ego ficaria enorme! Você passaria a se ver como um projeto e todo mundo simplesmente seguiria você. Você se tornaria o centro e todo mundo seria falso.

Não, o ego não iria gostar dessa idéia. Ele quer mudar as outras pessoas de acordo com você. Mas quem é você para mudar alguém? Não assuma essa responsabilidade. Isso é perigoso; é assim que nascem pessoas como Adolf Hitler. Elas assumem a responsabilidade de mudar o mundo inteiro de acordo com elas mesmas.

Na superfície, existe uma grande diferença entre alguém como Mahatma Gandhi e alguém como Adolf Hitler. Mas, lá no fundo, não existe diferença nenhuma, porque ambos nutrem a idéia de mudar o mundo de acordo com eles mesmos. Um pode usar métodos violentos e o outro não, mas ambos têm um método para mudar o outro de acordo com eles mesmos. Um pode estar usando uma baioneta e o outro ameaça você dizendo, "Eu vou fazer um longo jejum se você não me seguir". Um pode estar ameaçando matar você e o outro pode estar ameaçando se matar se você não o seguir, mas ambos estão usando a força. Ambos estão criando situações em que você se veja forçado a ser o que você não quer ser, o que você nunca quis ser. Eles são ambos políticos. Hitler não ama você, tampouco Gandhi. Gandhi fala de amor, mas ele não ama. Não pode amar, porque a própria idéia — o ideal de como você devia ser — complica as coisas.

Só existe um jeito de amar as pessoas e ele consiste em amá-las assim como são. E aí é que está a beleza: quando você as ama do jeito que são, elas mudam. Não de acordo com você — elas mudam de acordo com a realidade delas. Quando você as ama, elas são transformadas. Não convertidas — transformadas. Elas se renovam, atingem novas alturas do ser. Mas isso acontece no interior dessas pessoas, e de acordo com a natureza delas.

Ajude as pessoas a serem naturais, ajude as pessoas a serem livres, ajude as pessoas a serem elas mesmas, e nunca tente forçar ninguém, manipular ninguém. Esses são os modos de agir do ego. Isso é que é política.

Quando cuidar de outra pessoa se torna uma interferência na vida dela?

No momento em que a ideologia entre em cena, o cuidado se torna uma interferência. O amor fica amargo, passa a ser um tipo de ódio e a sua proteção passa a ser um tipo de prisão. A ideologia é o que faz a diferença.

Por exemplo, se você é mãe, você cuida do seu filho. A criança precisa de você, não pode sobreviver sem você. Você é uma necessidade. Ela precisa de comida, precisa de amor, precisa de cuidados — mas não precisa da sua ideologia. Não precisa dos seus ideais. Não precisa do seu Cristianismo, do seu Hinduísmo, do seu Islamismo, do seu Budismo. Ela não precisa das suas escrituras, não precisa das suas crenças. Ela não precisa dos seus ideais sobre como ela deveria ser. Basta evitar a ideologia, os ideais, os objetivos, os propósitos — e então o cuidado com a outra pessoa é uma coisa bonita, inocente. Do contrário é astúcia, malícia.

Quando não existe nenhuma ideologia nos cuidados que você devota ao outro — você não quer que o seu filho seja cristão, não quer fazer do seu filho isto ou aquilo, comunista ou fascista, não quer que o seu filho seja um homem de negócios ou médico ou engenheiro... Você não nutre nenhuma idéia com relação a ele. Você diz, "Eu o amarei e, quando crescer, você escolhe. Seja o que é natural para você. Seja o que você é, você tem as minhas bênçãos e, seja o que for que você decida ser, por mim você será aceito e muito bem-recebido. Não o amarei apenas se você se tornar presidente da república; e se for carpinteiro, não deixarei de amá-lo nem terei vergonha de você. Você não será bem recebido apenas se trouxer uma medalha de ouro da universidade e, se fracassar, eu não terei vergonha de você. Você não será meu filho só se for bom, virtuoso, civilizado, isto ou aquilo, do contrário, não vou ser nada seu e você não será nada meu.

No momento que nutre qualquer idéia, você envenena o seu relacionamento. Cuidar de alguém é algo muito belo, mas, quando existe alguma idéia por trás desse cuidado, então isso é astúcia, malícia. Então trata-se de uma barganha, pois existem condições. E todo o nosso amor é astucioso; por isso existe tanto sofrimento neste mundo, este inferno. Não que as pessoas não cuidem uma da outra — elas cuidam, mas com muita malícia, esperteza. A mãe cuida do filho, o pai cuida do filho, o marido cuida da mulher, a mulher cuida do marido, o irmão cuida, a irmã cuida — todo mundo é cercado de cuidados. Não estou dizendo que ninguém cuida de ninguém. As pessoas cuidam muito umas das outras, mas mesmo assim este mundo é um inferno. Há alguma coisa errada, algo está basicamente errado.

O que está basicamente errado? Onde as coisas desandaram? O cuidado impõe condições: "Faça isto! Seja aquilo!" Você um dia já amou alguém sem condições? Você um dia já amou uma pessoa do jeito que ela é? Você não queria melhorar essa pessoa, não queria mudá-la? A sua aceitação era total, absoluta? Então você sabe o que é cuidar de alguém. Você se sentirá

>
>
> Você um dia já amou uma pessoa do jeito que ela é? Você não queria melhorar essa pessoa, não queria mudá-la? A sua aceitação era total, absoluta? Então você sabe o que é cuidar de alguém.

preenchido oferecendo esses cuidados e a outra pessoa será imensamente beneficiada.

E lembre-se, se não houver nenhum tipo de "comércio" nesses cuidados, nenhum tipo de ambição, a pessoa de quem você está cuidando amará você para sempre. Mas, se você nutrir algumas idéias ao cuidar dela, essa pessoa nunca o perdoará. É por isso que os filhos são incapazes de perdoar os pais. Pergunte aos psicólogos, aos psicanalistas — quase todos os casos que chegam a eles são de pessoas que foram superprotegidas pelos pais na infância. E os cuidados que recebiam dos pais era do tipo profissional, frio, calculado. Esses pais queriam satisfazer algumas de suas ambições por meio do filho.

O amor tem de ser um presente. No momento em que se acrescenta a ele uma etiqueta de preço, ele deixa de ser amor.

A COMPAIXÃO
EM AÇÃO

Não existe ninguém que não seja egoísta — a não ser os hipócritas.

A palavra "egoísta" adquiriu uma conotação muito negativa, pois todas as religiões condenam o egoísmo. Elas não querem que você seja egoísta. Mas por quê? Para ajudar os outros...

Eu me lembro de uma criancinha conversando com a mãe, que disse, "Lembre-se sempre de ajudar os outros". E a criança perguntou, "E o que os outros farão?" A mãe naturalmente respondeu, "Eles ajudarão outras pessoas". A criança então disse, "Que coisa mais estranha! Por que cada um não ajuda a si mesmo, em vez de ajudar os outros e deixar tudo tão mais complicado?"

O egoísmo é natural. Sim, chega uma hora em que você compartilha com os outros sendo egoísta. Quando você está num estado de alegria transbordante, você pode compartilhar. Neste exato momento pessoas miseráveis estão ajudando outras pessoas miseráveis — cegos guiando outros cegos. Que ajuda você pode dar? Essa é uma idéia muito perigosa que prevaleceu ao longo dos séculos.

Numa escolinha infantil, a professora disse aos alunos, "Pelo menos uma vez por semana, vocês devem fazer uma boa ação". Um garoto perguntou, "Por favor nos dê alguns exemplos de boas ações. Não sabemos o que é uma boa ação". Então ela disse, "Por exemplo, uma senhora cega quer atravessar a rua; então você a ajuda a atravessar. Essa é uma boa ação; é algo virtuoso".

Na semana seguinte, ela perguntou, "Quem de vocês se lembrou de fazer o que eu disse?" Três crianças levantaram a mão. Ela disse, "Isso não é nada bom — a classe inteira devia ter se lembrado. Mas, mesmo assim, é muito bom que três alunos tenham feito algo de bom". Ela perguntou ao primeiro, "O que você fez?", e ele respondeu, "Exatamente o que a senhora disse, eu ajudei uma velhinha cega a atravessar a rua".

A professora disse, "Muito bem! Deus o abençoe". Então ela perguntou ao segundo aluno, "E você o que fez?" Ele respondeu, "A mesma coisa — uma velhinha cega queria atravessar a rua e eu a ajudei". A professora ficou um pouco intrigada — onde eles tinham encontrado duas velhinhas cegas? Mas a cidade era grande; talvez eles tivessem encontrado as duas velhinhas. Então ela questionou o terceiro aluno e ele disse, "Eu fiz exatamente o que eles fizeram, ajudei uma velhinha cega a atravessar a rua".

>
>
> O fundamental é amar a si mesmo de maneira tão absoluta que o amor transborde de você e atinja as outras pessoas. Eu não sou contra o compartilhar, mas sou absolutamente contra o altruísmo.

A professora então perguntou, "Mas onde vocês arrumaram três velhinhas cegas?" Eles responderam, "Não, a senhora não entendeu, não havia três velhinhas cegas, havia apenas uma. E foi muito difícil ajudá-la a atravessar! Ela batia em nós e gritava muito, porque não queria atravessar, mas nós queríamos fazer uma boa ação. Começou a juntar gente, as pessoas gritavam conosco, mas nós dissemos, 'Não se preocupem, só estamos querendo levá-la para o outro lado da rua'. Só que ela não queria ir para o outro lado da rua!"

Dizem às pessoas para que ajudem umas às outras, mas por dentro elas estão vazias. Dizem a elas para amar os outros — amar o próximo, amar os inimigos — e nunca lhes dizem para amar a si mesmas. Todas as religiões, direta ou indiretamente, dizem às pessoas para odiarem a si mesmas. A pessoa que odeia a si mesma não pode amar ninguém; ela só pode fingir.

O fundamental é amar a si mesmo de maneira tão absoluta que o amor transborde de você e atinja as outras pessoas. Eu não sou contra o compartilhar, mas sou absolutamente contra o altruísmo. Eu sou a favor do compartilhar, mas primeiro você tem de ter algo para compartilhar. Só assim não se sentirá obrigado a fazer alguma coisa a alguém — do contrário, a pessoa que recebe algo de você estará obrigando-o a ajudá-la. Você ainda deve se sentir grato, porque ela poderia ter rejeitado a sua ajuda; a outra pessoa foi generosa.

Toda a minha ênfase é que a pessoa seja tão feliz, tão bem-aventurada, tão silenciosa, tão satisfeita, que, desse estado de plenitude, ela comece a partilhar. Ela tem tanto para dar! Ela é como uma nuvem carregada: tem de chover.

Se a sede das outras pessoas foi ou não saciada, se a sede da terra foi ou não saciada, isso é secundário. Se cada indivíduo estiver cheio de alegria, cheio de luz, pleno de silêncio, ele compartilhará sem que ninguém precise dizer nada a ele, pois compartilhar será uma alegria. Dar é muito mais prazeroso do que receber.

Mas toda a estrutura precisa mudar. Não se pode mais dizer às pessoas para que sejam altruístas. Elas são miseráveis — o que podem fazer? Elas são cegas — o que podem fazer? Elas não estão aproveitando nem a própria vida — o que podem fazer? Elas só podem dar o que já têm. Por isso as pessoas estão espalhando miséria, sofrimento, angústia, ansiedade para todos que entram em contato com elas. Isso é altruísmo! Não, eu gostaria que todo mundo fosse extremamente egoísta!

Toda árvore é egoísta: ela suga a água para as suas raízes, leva a seiva aos seus galhos, às folhas, aos frutos, às flores. E, quando floresce, ela espalha a sua fragrância no ar, para todas as pessoas, conhecidas ou desconhecidas, familiares ou estranhas. Quando está carregada de frutos, ela compartilha, oferece os seus frutos. Mas se você ensinar essas árvores a serem altruístas, todas elas morrerão, assim como a humanidade inteira está morta — são só cadáveres andando por aí. E andando para onde? Para a cova, para finalmente descansar na sepultura.

A vida tem de ser uma dança. E a vida de todo mundo pode ser uma dança. Deve ser uma música — e então você pode compartilhar; você terá de compartilhar. Eu não preciso dizer isso, porque essa é uma das leis fundamentais da existência; quanto mais você compartilha a sua felicidade, mais ela aumenta.

Mas eu ensino o egoísmo.

NÃO SEJA UM ADVOGADO, SEJA ALGUÉM QUE AMA

Em Mateus 22 está escrito:

E um deles, intérprete da Lei, experimentando-o, lhe perguntou, Mestre, qual é o grande mandamento na Lei?

Respondeu-lhe Jesus, Amarás o Senhor, teu Deus, de todo o teu coração, de toda a tua alma e de todo o teu entendimento. Este é o grande e primeiro mandamento. O segundo, semelhante a este, é: Amarás o teu próximo como a ti mesmo. Destes dois mandamentos dependem toda a Lei e os Profetas.

Duas palavras — lei e amor — são extremamente importantes. Elas representam dois tipos de mentes, os opostos polares. A mente legal, no sentido de ditar leis e estar de acordo com elas, não pode ser amorosa; e a mente que ama não pode ser legal. A atitude legal não é religiosa; ela é política, social. E a atitude de amor é não-política, não-social — é individual, pessoal, religiosa.

Moisés, Manu, Marx, Mao, todas essas são mentes legais; elas ditam a lei para o mundo. Jesus, Krishna, Buda, Lao-Tsé são pessoas de amor. Elas não ditaram mandamentos ao mundo, elas ofereceram uma visão completamente diferente.

Eu ouvi uma história sobre Frederico o Grande, rei da Prússia — ele tinha uma mente legal. Uma mulher uma vez o procurou, para reclamar do marido. Ela disse, "Sua majestade, o meu marido me trata muito mal!"

Frederico o Grande, disse, "Isso não é da minha conta".

Mas a mulher insistiu, dizendo, "Mas não é só isso, Majestade, ele fala mal do senhor também".

Frederico o Grande, respondeu, "Isso não é da sua conta". Essa é a mente legal.

A mente legal está sempre pensando na lei, nunca no amor. A mente legal pensa na justiça, nunca na compaixão; e a justiça que não tem compaixão nunca pode ser justa. A justiça que não tem compaixão só pode acabar sendo injusta; e a compaixão que pode parecer injusta nunca pode ser injusta. Faz parte da própria natureza da compaixão ser justa; a justiça segue a compaixão como uma sombra. Mas a compaixão não segue a justiça como uma sombra, porque a compaixão é a coisa de verdade, o amor é a coisa de verdade. A sua sombra segue você; você não segue a sua sombra. A sombra não pode ir na frente, ela tem de ir atrás. E essa é uma das maiores controvérsias da humanidade — Deus é amor ou é lei? Deus é justiça ou compaixão?

A mente legal diz que Deus é lei, é justo. Mas a mente legal não pode saber o que Deus é, pois Deus é só outro nome para amor. A mente legal não consegue atingir essa dimensão. A mente legal sempre joga a responsabilidade nas costas dos outros — da sociedade, da política econômica, da história. Para a mente legal, a responsabilidade é sempre do outro. O amor assume ele próprio a responsabilidade; na visão dele, ele sempre é o responsável, não o outro.

Depois que entende que você é o responsável, você começa a desabrochar. A lei é uma desculpa. É a astúcia da mente, por isso você sempre pode se proteger, se defender. O amor é vulnerável, a lei é um jeito de se defender. Quando ama alguém, você não fica falando de lei. Quando você ama, a lei desaparece — porque o amor é a lei suprema. Ele não precisa de outra lei, ele é suficiente em si mesmo. E, quando o amor protege você, você não precisa de nenhuma outra proteção. Não seja legalista, do contrário você perderá tudo o que é belo na vida. Não seja um advogado, seja alguém que ama; do contrário, você continuará se protegendo e, no final, descobrirá que não há nada a proteger — você tem protegido apenas um ego vazio. E você sempre consegue encontrar maneiras e artifícios para proteger o ego vazio.

Eu ouvi uma história sobre Oscar Wilde. A sua primeira peça encenada foi um completo fracasso; foi um fiasco. Quando ele saiu do saguão do teatro, os amigos perguntaram, "Como foi?" e ele disse, "Foi um grande sucesso. Mas a platéia foi um retumbante fracasso".

Essa é a mente legal, sempre tentando proteger o ego vazio — que não passa de uma bolha de sabão, oca por dentro, cheia de nada, de coisa nenhuma. Mas a lei continua protegendo esse ego. Lembre-se, no momento que você passa a ser legalista, no momento em que começa a olhar a vida por meio da lei — talvez essa lei seja o governo, seja a igreja, não faz diferença —, no momento em que você começa a ver a vida por meio da lei, por meio do código moral, da escritura, dos mandamentos, você começa a não compreendê-la.

A pessoa precisa ser vulnerável para saber o que é a vida; ela precisa estar completamente aberta, insegura. Precisa ser capaz de morrer para conhecê-la — só assim ela consegue conhecer a vida. Se você tem medo de morrer, você nunca saberá o que é a vida, porque o medo nunca pode saber nada. Se você não tem medo da morte, se está pronto para morrer para conhecê-la, você saberá o que é a vida, a vida eterna, que nunca acaba. A lei é um medo oculto, o amor se expressa no destemor.

> Se uma sociedade se basear na lei, ela sempre terá medo. Se uma sociedade se baseia no amor, o medo desaparece e a lei deixa de ser necessária.

Quando você ama, o medo desaparece — já observou? Quando você ama, não existe medo. Se você ama uma pessoa, o medo desaparece. Quanto mais você ama, mais o medo desaparece. Se você amar plenamente, o medo fica absolutamente ausente. O medo só aparece quando você não ama. O medo é a falta de amor, a lei é falta de amor, porque a lei não é absolutamente nada, a não ser uma defesa do seu coração trêmulo e hesitante — você tem medo e quer se proteger.

Se uma sociedade se basear na lei, ela sempre terá medo. Se uma sociedade se baseia no amor, o medo desaparece e a lei deixa de ser necessária — os tribunais não serão necessários; o céu e o inferno não serão necessários. O inferno é uma atitude legal; toda punição vem da mente legal. A lei diz que, se você age de modo errado, tem de ser punido; se age de modo certo, você tem de ser recompensado. E existem as chamadas religiões — elas dizem que, se você pecar, será atirado no inferno. Imagine só esse inferno! Essas pessoas que criaram essa idéia de inferno devem ser muito sádicas! Pela maneira como elas o retrataram, dá para ver que fizeram todo o possível para fazer você sofrer! E inventaram o céu também — céu para elas e para os seus seguidores, inferno para aqueles que não as seguem e não acreditam nelas. Mas essas são atitudes legalistas, a mesma atitude que pune os criminosos. E punir não adianta.

Não se pode deter o crime, não se pode detê-lo com a punição. Ele vai continuar crescendo, porque, na verdade, a mente legal e a mente criminosa são os dois lados da mesma moeda; elas não são diferentes. Todas as mentes legais são basicamente criminosas e todas as mentes criminosas podem se tornar mentes legais — elas têm esse potencial. Elas não são dois mundos separados; elas fazem parte do mesmo mundo. O crime continua aumentando e a lei continua ficando cada vez mais complicada e complexa.

O ser humano não tem mudado por causa da punição; na verdade, ele tem ficado mais corrompido. Os tribunais não mudaram o ser humano; eles o corromperam mais ainda. E nem os conceitos de recompensa, de céu, de respeitabilidade têm adiantado alguma coisa. Porque o inferno depende do medo e o céu depende da ganância — medo e ganância, são esses os problemas. Como você pode mudar as pessoas por meio deles? Eles são doenças, e a mente legal continua dizendo que eles são remédios.

É preciso uma atitude completamente diferente, uma atitude de amor. Cristo traz amor para o mundo. Ele destrói a lei, a própria base da lei. Esse foi o crime que ele cometeu; por isso foi crucificado — porque ele estava destruindo todas as bases desta sociedade criminosa; ele estava destruindo a própria pedra fundamental deste mundo criminoso — o mundo das guerras, da violência, da agressão. Ele apresentou uma pedra fundamental totalmente nova. É preciso compreender muito bem esses versículos:

E um deles, intérprete da Lei, experimentando-o, lhe perguntou...

"Experimentando-o"... Ele queria derrotar Jesus com um argumento legal, com base na lei... Existem muitas passagens em que Jesus foi instigado a cair das alturas do amor para os vales escuros da lei. E as pessoas que o "experimentavam" eram extremamente astutas. Faziam perguntas que, se Jesus não fosse realmente uma pessoa realizada, acabariam fazendo dele uma vítima. Eles lhe davam o que é chamado de lógica, dilemas — qualquer coisa que você responda, acaba sendo pego. Se você disser isso, acabará sendo pego; se disser o contrário, será pego da mesma maneira.

Você já deve ter ouvido a famosa história. Jesus estava sentado à beira de um rio; uma multidão se acercou dele e trouxeram à sua presença uma mulher. Disseram-lhe que essa mulher tinha sido surpreendida em pecado: "O que diz disso?" Eles o testavam; porque as antigas escrituras diziam que, se a mulher comete um pecado, ela tem de ser apedrejada até a morte. Agora eles davam duas alternativas a Jesus. Se ele seguisse as escrituras, então eles diriam, "E o seu conceito de amor e compaixão? Não vale mais nada? Você não a perdoa? Então todo aquele discurso sobre o amor era só conversa fiada?" Então eles teriam de que o acusar. Ou, se ele dissesse, "Perdoem-na", então eles diriam, "Então você é contra as escrituras; e você vive dizendo às pessoas, 'Eu vim para completar as escrituras, não para destruí-la'". Era um dilema; essas eram as duas alternativas que ele tinha.

Mas a mente legal não se dá conta de que o homem de amor tem uma terceira alternativa, que a mente legal não conhece porque ela só consegue pensar em termos de opostos. Só existem duas alternativas para a mente legal, sim ou não. Ela não conhece a terceira alternativa, que de Bono chamou de *po* — existe o sim, o não e a terceira alternativa é *po*, que não é nem sim nem não; é algo totalmente diferente. Jesus é o primeiro homem deste mundo a dizer *po*. Ele não usou o termo, que foi inventado por de Bono — mas ele disse *po*. Ele de fato disse. Jesus disse a essas pessoas na multidão, "Aqueles dentre vós que estiverem sem pecado, e nunca tiverem pensado em cometer pecados, que se adiantem. Vós deveis pegar nas mãos as pedras e matar essa mulher". Mas não havia ninguém que não tivesse cometido um pecado ou que não tivesse pensado em cometê-lo.

Pode ser que existam pessoas que não tenham cometido nenhum pecado, mas elas podem estar pensando o tempo todo em cometê-lo. Na verdade, decerto pensam sobre isso. As pessoas que cometem pecados pensam menos a respeito deles. Aqueles que não cometem, pensam o tempo todo e fantasiam a respeito. E para a essência mais profunda do seu ser, não faz diferença se você pensa ou age.

Pouco a pouco a multidão começou a se dispersar. As pessoas que estavam na frente foram recuando até sumir de vista — os especialistas legais da sociedade, os cidadãos proeminentes da cidade começaram a sumir de vista. Esse homem tinha usado a terceira alternativa. Ele não disse sim e também não disse não. Ele disse, "Sim, matem a mulher — mas só aqueles que estiverem sem pecado ou que nunca tenham pensado em cometê-lo devem matá-la". A multidão se dispersou. Jesus ficou sozinho com a mulher; ela caiu aos pés dele e disse, "Eu de fato pequei, sou uma mulher ruim. Você pode me castigar".

Jesus disse, "Quem sou eu para julgar? Isso é entre você e o seu Deus. É algo entre você e a existência. Quem sou eu para interferir? Se você constatou que fez algo errado, não faça mais".

Situações como essa estavam sempre se repetindo. Todo o empenho das pessoas era no sentido de apresentar um argumento a Jesus em que a mente legal pudesse vencer. Você não pode argumentar com a mente legal — se você argumentar, a mente legal o derrotará, porque ela é muito boa em argumentação. Não importa a posição que você assuma; você será derrotado.

Jesus não foi derrotado porque ele nunca argumentou. Esse é um dos sinais, uma das indicações de que ele já tinha atingido o amor. Ele continuou no seu cume e nunca desceu de lá.

E um deles, intérprete da Lei, experimentando-o, lhe perguntou, Mestre, qual é o grande mandamento na Lei?

Ora, essa é uma pergunta muito difícil! Qual é o grande mandamento, qual é o mandamento supremo, o mandamento fundamental na lei? É muito difícil dizer, porque toda lei depende de outras leis — elas estão interligadas. Não dá para saber qual é a lei básica, porque nenhuma lei é básica. Elas dependem umas das outras; são interdependentes.

Na Índia, esse tem sido um dos debates travados atualmente: o que é básico? A não-violência ou a verdade? Se você estiver numa situação em que tenha de escolher entre a verdade e a não-violência — se disser a verdade, haverá violência; se não disser a verdade, a violência pode ser evitada — o que você fará? Dirá a verdade e contribuirá para que haja violência?

Por exemplo, você está numa encruzilhada e um grupo de policiais se aproxima. Eles perguntam, "Você viu um homem passar por aqui? Ele tem de ser preso e executado, pois fugiu da prisão. Foi sentenciado à morte". Você viu o homem. Você pode dizer que viu e falar a verdade, mas então será responsável pela morte desse homem. Você também pode dizer que não o viu, ou pode até mesmo indicar a direção errada para os policiais; então o homem será salvo. Você preserva a não-violência, mas não diz a verdade. O que você faz? Parece impossível escolher, quase impossível. Que lei é mais fundamental?

Respondeu-lhe Jesus, Amarás o Senhor, teu Deus, de todo o teu coração, de toda a tua alma e de todo o teu entendimento.

Isso é *po*: ele não está respondendo à pergunta; está respondendo outra coisa. Não está resvalando para o mundo das leis; ele continua falando do alto do seu cume de amor. Ele diz, "Este é o grande e primeiro mandamento: Amarás o Senhor, teu Deus, de todo o teu coração, de toda a tua alma e de todo o teu entendimento". A pergunta é sobre lei e a resposta é sobre amor. Na verdade, ele não respondeu à pergunta; ou você pode dizer que ele respondeu à pergunta, porque essa é a única resposta que existe, não pode haver outra.

Isso tem de ficar claro. Somente a partir de um plano mais alto a pergunta de um plano mais baixo pode ser respondida; permanecendo no mesmo plano, a resposta é impossível. Por exemplo, no plano onde você está, surge a pergunta, surgem muitas perguntas. Se você perguntar a uma pessoa que esteja no mesmo plano que você, ela não poderá responder. As respostas dela podem parecer relevantes, mas não são, pois ela está na mesma situação que você.

É como um louco ajudando outro louco, um cego guiando outro cego, um homem confuso ajudando outro homem confuso a ter mais lucidez. Quanto mais gente confusa, mais confusão haverá. É isso o que acontece neste mundo — todo mundo está aconselhando todo mundo. Dar conselho custa muito pouco. Na verdade, não custa nada. Para conseguir um, basta pedir; todo mundo está pronto para dar. Nem você nem as pessoas que lhe dão conselhos pensam no fato de que vocês estão no mesmo plano e que o conselho delas é simplesmente inútil. Ou, pode ser até prejudicial. Só aquele que está num plano mais alto pode ajudá-lo em alguma coisa — aquele que tem uma percepção mais aguçada, uma lucidez maior, um ser mais cristalizado. Só esse tipo de pessoa pode responder às suas perguntas.

Existem três possibilidades de diálogo: uma delas consiste em duas pessoas ignorantes conversando. Fala-se muito, mas não se tira nenhum proveito dessa conversa; é pura enganação. Elas conversam, mas não estão falando sério, não têm nem consciência do que estão falando — elas só estão se ocupando de alguma coisa; elas sentem-se bem quando estão ocupadas. Elas falam como se fossem máquinas, dois computadores conversando. Também existe a possibilidade de haver duas pessoas iluminadas conversando. Elas não conversam; não precisam conversar. A comunhão é silenciosa; elas se entendem sem palavras. Duas pessoas ignorantes conversando — palavras demais e nenhum entendimento. Duas pessoas iluminadas se encontrando — nenhuma palavra, só entendimento.

A primeira situação acontece todos os dias, milhões de vezes, no planeta inteiro. A segunda situação acontece raramente, depois de milhares e milhares de anos — raramente duas pessoas iluminadas se encontram.

Existe uma terceira possibilidade — uma pessoa iluminada conversando com outra não-iluminada. Nesse caso existem dois planos: uma está na terra, a outra está no céu; uma está viajando num carro de boi, a outra está viajando num avião. A pessoa que está na terra pergunta uma coisa e a pessoa que está no céu

> Quando são muitos
> os sentimentos, você
> fica sentimental.
> Quando os
> sentimentos se
> tornam um só, todo
> o sentimentalismo
> desaparece — você é
> todo coração, mas
> sem nenhum
> sentimentalismo.

responde outra. Mas esse é o único jeito, é o único jeito de a pessoa que está na terra ser ajudada. O intérprete das leis perguntou sobre a lei. Ele perguntou, *Mestre, qual é o grande mandamento na Lei?*

Ele não estava perguntando sobre o amor. Jesus está tentando fazê-lo seguir na direção do amor — está mudando todo o contexto. Depois que estiver nas mãos de Jesus, ele o levará a uma dimensão que você não conhece, ao desconhecido, ao incognoscível.

Respondeu-lhe Jesus, Amarás o Senhor, teu Deus, de todo o teu coração, de toda a tua alma e de todo o teu entendimento.

"De todo o teu coração" significa com todos os seus sentimentos. Isso é o que significa devoção. Quando todos os seus sentimentos estiverem coesos, integrados numa só unidade, trata-se de uma prece. A devoção é o seu coração por inteiro, que palpita de desejo pelo desconhecido, palpita com um anseio profundo, uma indagação profunda sobre o desconhecido; cada batida do seu coração em devoção.

"De todo o teu entendimento" — esse é o significado da meditação, quando todos os seus pensamentos se tornam um só. Quando todos os pensamentos se tornam um só, o pensamento desaparece; quando todos os sentimentos se tornam um só, o sentimento desaparece. Quando são muitos os sentimentos, você fica sentimental. Quando os sentimentos se tornam um só, todo o sentimentalismo desaparece — você é todo coração, mas sem nenhum sentimentalismo. Devoção não é sentimentalismo. A devoção consiste numa tal harmonia de sentimentos, numa tamanha unidade total de sentimentos que a qualidade dos sentimentos imediatamente muda. É como pôr a água no fogo; ela começa a esquentar, a esquentar e fica cada vez mais quente — até os 99 graus centígrados ela ainda é água. Quando chega aos 100 graus, acontece de repente uma transformação. A água deixa de ser água, ela começa a evaporar — a qualidade imediatamente muda. A água tem a qualidade de fluir para baixo; quando evapora, o vapor tem a qualidade de flutuar para cima. A dimensão mudou.

Quando você vive mergulhado em sentimentos, em muitos sentimentos, você é só confusão, um verdadeiro hospício. Quando todos os sentimentos são integrados, surge um momento de transformação. Quando todos eles se tornam um só, você chega aos 100 graus, ao ponto de evaporação. Imediatamente a antiga natureza dos sentimentos desaparece, a antiga qualidade de fluir para baixo deixa de existir. Você começa a evaporar como vapor em direção ao céu. Isso é que é devoção.

E a mesma coisa acontece quando todos os seus pensamentos se fundem num só — o pensamento pára. Quando são muitos os pensamentos, é possível pensar; quando os pensamentos são um só, chega um momento em que essa unidade de pensamento torna-se quase um sinônimo de não-pensamento. Ter um pensamento é não ter nenhum pensamento, porque o um não pode existir sozinho. O um só pode existir no meio de muitos, só pode existir numa multidão. Quando a multidão se dispersa, o um também desaparece e surge um estado de não-pensamento.

Então Jesus, numa breve sentença, condensou toda a religião:

Amarás o Senhor, teu Deus, de todo o teu coração — esse é o verdadeiro significado da prece.

De todo o teu entendimento — esse é o verdadeiro significado da meditação.

E de toda a tua alma... A alma é a transcendência do pensamento e do sentimento. A alma está além da prece e além da meditação. A alma é a sua natureza — é a consciência transcendental em você.

Veja a si mesmo como um triângulo — na base inferior, sentimento, pensamento. Mas sentimento e pensamento são as únicas duas coisas que você já experimentou até agora; você não conhece a terceira. A terceira só pode ser conhecida quando o sentimento se tornar devoção e começar a se elevar, e o pensamento se tornar meditação e começar a se elevar. Então a prece e a meditação acabam se encontrando num determinado ponto — esse ponto é a alma. Em algum lugar, o seu coração e a sua mente se encontram — isso é você, isso é transcendência. Isso é o que Jesus chama de alma.

Este é o grande e primeiro mandamento. O amor é o grande e primeiro mandamento. Na verdade, o amor nem é um mandamento, porque você não pode mandar ninguém amar; você não pode ordenar que alguém ame, não pode forçar o amor. Você não pode manipular e controlar o amor. O amor é maior do que você, muito superior a você — como você pode controlá-lo? E, se você está mandando alguém amar, se faz como fazem no exército: "Direita! Esquerda!" — se alguém chegar e disser "Ame!", o que você pode fazer? Virar à direita, tudo bem; virar à esquerda, tudo bem também, mas "amar"? Você não sabe para que lado virar, para que lado ir. Você não sabe o caminho, não podem mandá-lo amar.

Sim, você pode fingir; pode encenar. Foi isso o que aconteceu neste planeta. A pior maldição que aconteceu aqui foi terem forçado o amor. Desde a infância, todo mundo é ensinado a amar, como se o amor pudesse ser ensinado: "Ame a sua mãe, ame o seu pai, ame os seus irmãos e irmãs". Ame isto, ame aquilo — e a criança começa a tentar, porque como ela pode saber que o amor não é algo que se faça? Ele acontece. Você não pode forçá-lo.

Você não está encontrando o amor porque está tentando com empenho demais. E todo mundo está em busca do amor — você pode chamá-lo de Deus, pode chamá-lo por outro nome, mas lá no fundo você está em busca do amor. Mas você não consegue mais encontrá-lo — não porque não tenha tentado, mas porque tentou demais.

O amor é um acontecimento; ninguém pode ordená-lo. Como você recebe a ordem de amar, o seu amor é desde o início uma farsa, ele já vem envenenado da fonte. Nunca diga a uma criança — nunca cometa este pecado — nunca diga a uma criança, "Ame a sua mãe". Ame a criança e deixe que o amor aconteça. Não diga, "Me ame porque eu sou a sua mãe", ou "Eu sou seu pai, por isso me ame". Não dê uma ordem, do contrário, o seu filho nunca vai conseguir amar.

Ame a criança e deixe que o amor aconteça. Não diga, "Me ame porque eu sou a sua mãe", ou "Eu sou seu pai, por isso me ame". Não dê uma ordem.

Simplesmente ame o seu filho e, num ambiente de amor, um dia de repente o sentimento simplesmente acontece. A harmonia é descoberta no órgão mais profundo do seu ser. Algo se inicia; uma melodia, uma harmonia surge e então você passa a saber que essa é a sua natureza. Mas nunca tente fazer com que ela aconteça; simplesmente relaxe e deixe-a existir.

Este é o grande e primeiro mandamento. Jesus está usando a linguagem do intérprete da lei, porque ele está respondendo a uma pergunta dele; do contrário, o amor não é um mandamento, nem pode ser.

O segundo, semelhante a este, é: Amarás o teu próximo como a ti mesmo.

O primeiro é ama o teu Deus. "Deus" significa o total, o Tao, o Brahma. Deus não é uma palavra boa; Tao é muito melhor — o total, o todo, a existência — a existência do amor. Isso vem primeiro, é o mais fundamental.

O segundo, semelhante a este, é: Amarás o teu próximo como a ti mesmo.

... porque é difícil encontrar Deus, e é difícil amar Deus se você já não se encontrou com ele. Como você pode amar Deus, que é desconhecido? Como você pode amar o desconhecido? Você precisa de uma ponte, precisa de algo familiar — como pode amar Deus? Parece absurdo; *é* absurdo. Por isso o segundo mandamento.

O segundo, semelhante a este, é: Amarás o teu próximo como a ti mesmo.

Eu estava lendo uma história — gostei dela. Um homem instruído perguntou ao rabino Abraão, "Dizem que o senhor dá às pessoas drogas misteriosas e que essas drogas são muito eficazes. Dê uma a mim, para que eu possa temer a Deus".

"Eu não conheço nenhuma droga para temer a Deus", disse o rabino. "Mas, se quiser, eu posso lhe dar uma para amar a Deus".

"Isso é até melhor!", gritou o erudito. "Então me dê uma."

"Trata-se do amor pelos semelhantes", respondeu o rabino.

Se você realmente quer amar a Deus, tem de começar amando os seus semelhantes, porque eles estão mais perto de você. E, pouco a pouco, as ondulações do amor podem começar a se expandir. O amor é como um seixo atirado num lago tranqüilo; primeiro surgem as ondulações na superfície do lago, que começam a se expandir em direção às margens mais distantes. Mas primeiro há o toque do seixo no lago; nas proximidades do seixo surgem as ondulações, que vão então se espalhando e alcançando distâncias cada vez maiores. Primeiro você terá de amar aqueles que são como você — porque você os conhece, pelo menos pode sentir uma certa familiaridade, uma sensação de que está em casa na companhia deles. Então o amor pode começar a se expandir. Você pode começar a amar os animais, depois amar as árvores, as rochas. E só então você pode começar a amar a existência, nunca antes.

Portanto, se você consegue amar seres humanos, já deu o primeiro passo. Mas é justamente o oposto que acontece nesta terra desafortunada! As pessoas amam a Deus e matam seres humanos. Na verdade, elas dizem que só matam porque amam demais a Deus. Cristãos matam muçulmanos, muçulmanos matam cristãos, hindus matam muçulmanos, muçulmanos matam hindus, porque todos eles amam a Deus — em nome de Deus, eles matam seres humanos. Os deuses deles são falsos. Porque, se o seu Deus é verdadeiro, se você realmente sabe o que significa a divindade, se você tem pelo menos uma idéia do que ela significa, se teve ao menos um vislumbre do que ela é, você amará os seres humanos. Amará os animais, amará as árvores, amará as rochas — você amará! O amor se tornará o estado natural do seu ser. E, se você não consegue amar seres humanos, não se engane — nenhum templo vai ajudar você.

Você pode dizer não a Deus, mas nunca pode dizer não aos seres humanos, pois, se disser não aos seres humanos, o caminho fica bloqueado; você nunca conseguirá chegar à divindade. Diga não à igreja, ao templo; não há problema nenhum nisso. Mas nunca diga não ao amor, pois esse é o verdadeiro templo.

Todos os outros templos são apenas moedas falsas, imagens falsas, não são autênticas. Só existe um templo autêntico e esse templo é o amor. Nunca diga não ao amor — você encontrará a divindade; ela não pode se ocultar por muito tempo.

O segundo mandamento, Jesus disse, *Amarás o teu próximo como a ti mesmo...* porque, na verdade, toda a humanidade é você, em muitos rostos e em muitas formas. Você não consegue ver isso — que o seu semelhante não é ninguém mais além de você, é o seu próprio ser numa forma e num formato diferentes.

Muitos rios do mundo têm nomes de cores. Na China, temos o rio Amarelo; em algum lugar do sul da África, eles têm o rio Vermelho. Nos Estados Unidos, já ouvi dizer que eles têm o rio Branco e o rio Verde. O rio propriamente dito não tem cor; a água é incolor, mas o rio assume a cor do terreno pelo qual ele passa, a cor da vegetação das suas margens. Se ele passa num deserto, claro que tem uma cor diferente; se ele passa numa floresta, ela se reflete nele — os arbustos, as folhagens — e ele tem uma cor diferente. Se ele passa por um terreno onde o barro é amarelo, ele fica amarelo. Mas nenhum rio tem cor. E todo rio, seja ele chamado de branco, verde ou amarelo, chega naturalmente no seu destino, desemboca no mar e vira oceano.

As diferenças entre as pessoas devem-se ao terreno delas. As suas cores são diferentes por causa do terreno onde vivem. Mas a qualidade essencial do ser é incolor; é a mesma. Uma pessoa é negra, outra é branca; outra fica entre os dois, é índia; a outra é amarela, como os chineses — são muitas as cores de pele, mas você não tem cor. Você não é o corpo; nem é a mente, nem é o coração. A mente das pessoas difere, porque foram condicionadas de modo diferente; o corpo delas é diferente, porque elas passaram por terrenos diferentes, têm uma hereditariedade diferente, mas elas não são diferentes.

Jesus diz, Amarás o teu próximo como a ti mesmo. Assim como você se ama, ame o seu próximo. E existe uma coisa básica que os cristãos esqueceram totalmente. Jesus diz — "Ama a ti mesmo". A menos que você se ame, não conseguirá amar o próximo. Tudo o que o chamado Cristianismo ensina a você é odiar a si mesmo, condenar a si mesmo. Ame a si mesmo, porque você é quem está mais próximo da divindade. É ali que tem de surgir a primeira ondulação. Ame a si mesmo! O amor por si mesmo é a coisa mais fundamental que existe — se você quer ser religioso um dia, o amor por si mesmo é a base. E todas as pretensas religiões continuam ensinando você a se odiar: "Condene-se, você é um pecador, você é culpado, é isto, é aquilo — você não vale nada!"

Você não é um pecador. Fizeram de você um pecador. Você não é culpado; deram a você interpretações equivocadas da vida. Aceite-se e ame-se. Só assim você poderá amar o próximo, do contrário não existe nenhuma possibilidade. Se você não se ama, como pode amar outro ser? Eu ensino o amor por si mesmo.

Faça pelo menos isso; se não consegue amar mais ninguém, ame a si mesmo. Desse amor-próprio, pouco a pouco, você verá que o amor começa a fluir; ele se expande e atinge os seus semelhantes.

Todo o problema, hoje, é que você se odeia e quer amar os outros — isso é impossível! E o outro também se odeia e quer amar você. A lição do amor tem de ser aprendida primeiro dentro de você mesmo.

> Aceite-se e ame-se.
> Só assim você poderá
> amar o próximo,
> do contrário não
> existe nenhuma
> possibilidade.

Se você perguntar ao Freud e aos psicanalistas, saberá que eles descobriram uma coisa muito básica. Eles dizem que, primeiro, a criança é auto-erótica, masturbatória; a criança ama a si mesma. Depois ela passa a ser homossexual — os meninos gostam de meninos e querem brincar com meninos; as meninas querem brincar com meninas, e eles não querem se misturar. E depois surge a heterossexualidade — o menino quer se misturar com uma menina e amá-la; a menina quer se encontrar com um menino e amá-lo. Primeiro, auto-erotismo, depois homoerotismo e depois heteroerotismo — isso diz respeito ao sexo. O mesmo vale para o amor.

Primeiro você ama a si mesmo. Depois ama o próximo, ama os seres humanos. E depois você vai além e ama a existência. Mas a base é você. Portanto, não se condene, não se rejeite. Aceite. O divino habita em você. A existência amou você demais, por isso ele passou a habitar em você. A existência fez de você um templo; o divino vive em você. Se você se rejeitar, estará rejeitando o mais próximo que você pode conhecer da divindade. Se você rejeitar o que está mais próximo, será impossível amar o que está mais distante.

Quando Jesus diz, Amarás o teu próximo como a ti mesmo, ele está dizendo duas coisas: Primeiro ame a si mesmo, para que você seja capaz de amar o seu próximo.

Destes dois mandamentos dependem toda a Lei e os Profetas.

Na verdade, trata-se de um mandamento: Ame. O amor é um só e a única ordem das coisas. Se você compreender o amor, compreendeu tudo. Se você não compreender o amor, pode saber muitas coisas, mas todo esse conhecimento estará simplesmente podre, degenerado. Jogue-o no lixo e esqueça tudo sobre ele. Comece outra vez do início. Seja uma criança outra vez e comece amando a si mesmo.

O seu lago, assim como eu o vejo, não tem ondulações. O primeiro seixo de amor não caiu nele ainda.

Eu ouvi uma história dinamarquesa. Lembre-se dela, deixe que ela se torne parte da sua consciência. Essa história conta sobre uma aranha que vivia lá no alto, nos caibros do telhado de um velho celeiro. Um dia ela desceu por um longo fio até uma viga mais baixa, onde descobriu que as moscas eram mais abundantes e mais fáceis de capturar. Ela então decidiu que passaria a viver nessa viga mais baixa e teceu ali uma confortável teia. Mas um dia ela reparou por acaso no longo fio que vinha de cima, mergulhando na escuridão lá em cima e disse, "Eu não preciso mais desse fio. Ele só está atrapalhando". Ela o cortou e, ao fazer isso, destruiu toda a sua teia, que era sustentada por esse fio.

Essa é também a história do ser humano. Um fio liga você ao supremo, ao mais elevado — chame-o de Tao, existência, divindade. Você pode ter se esquecido completamente que desceu por esse fio. Você veio do todo e tem de voltar para lá. Tudo volta para a fonte original; tem de voltar. Então o círculo se completa e a pessoa alcança a plenitude. E você pode até sentir o que essa aranha sentiu, que o fio que o liga ao plano mais elevado só está atrapalhando. Muitas vezes é por causa dele que você não pode fazer algumas coisas; ele sempre acaba ficando no caminho. Você não pode ser tão violento quanto gostaria; não pode ser tão agressivo quanto gostaria; não pode odiar tanto quanto gostaria — o fio está sempre no caminho. Às vezes você pode se sentir como essa aranha — com vontade de cortá-lo, de parti-lo como ela fez, para desobstruir o seu caminho.

Foi isso o que disse Nietzsche: "Deus está morto". Nietzsche partiu o fio. Mas em seguida enlouqueceu. No momento em que ele disse "Deus está morto", ele enlouqueceu, porque rompeu a ligação com a fonte original de toda a vida. Quando faz isso, a pessoa passa a ter fome de algo vital, essencial. Ela acaba perdendo alguma coisa e se esquece completamente que ela era a própria base da sua vida. A aranha cortou o fio e, com isso, destruiu a própria teia, que era sustentada por esse fio.

Seja onde for que você esteja, na sua noite escura, um raio de luz ainda liga você à existência. Essa é a sua vida, é o modo pelo qual você está vivo. Descubra onde está esse fio, porque ele vai levá-lo de volta para casa.

Em 5 de junho de 1910, O. Henry estava morrendo. Estava ficando escuro. Os amigos o cercaram. De repente ele abriu os olhos e disse, "Acenda a luz. Eu não quero ir para casa no escuro". A luz estava acesa; ele fechou os olhos, sorriu e desapareceu.

O fio que está ligando você, o raio de vida que faz com que você fique vivo, é o caminho de volta para casa. Por mais longe que você tenha ido, você ainda está ligado à existência — senão não seria possível. Você pode ter se esquecido, mas a existência não se esqueceu de você; e isso é o que importa. Tente achar algo em você que o ligue à existência. Procure por isso e você chegará no mandamento de que Jesus está falando. Se procurar, você acabará sabendo que é o amor, não o conhecimento, que liga você à existência. Não é o dinheiro, não é o poder, não é a fama — é o amor que une você à existência. E sempre que você sente amor, você fica extremamente feliz porque mais e mais vida fica disponível para você.

Jesus, ou Buda, ambos são como abelhas. A abelha sai para procurar belas flores num vale. Ela volta, dança uma dança de êxtase perto dos amigos para lhes dizer que achou um belo vale cheio de flores. "Venham, sigam-me!" Alguém como Jesus é assim como a abelha que achou a fonte original da vida — um vale de belas flores, flores da eternidade. Ele vem e dança perto de você para lhe transmitir a mensagem: "Venha, siga-me!"

Se você tentar entender e buscar dentro de si, descobrirá que o amor é a coisa mais importante, mais essencial do seu ser. Não morra por causa da falta de amor. Ajude-o a crescer, para que ele possa se transformar numa grande árvore; de modo que os pássaros do céu possam encontrar abrigo em você; de modo que no seu amor viajantes cansados possam encontrar repouso; de modo que você possa dividir o seu amor; de modo que você também possa se tornar uma abelha. No seu êxtase, você também pode compartilhar com as pessoas o que você encontrou.

CRIME E CASTIGO

A pena de morte é uma prova degradante da desumanidade do ser humano com relação ao próprio ser humano. Ela mostra que o homem ainda vive numa era de bárbaros. A civilização ainda não passa de uma idéia — ela não se tornou realidade.

Você terá de levar em conta todos os aspectos para entender por que uma coisa tão idiota como a pena de morte ainda continua sendo usada em tantas civilizações, culturas, nações. Mesmo alguns países que não tinham mais pena de morte voltaram a adotá-la. Outros que a tinham suprimido substituíram-na pela prisão perpétua — que ainda é pior do que a pena de morte. É melhor morrer de uma vez do que morrer lentamente, ao longo de cinqüenta, sessenta anos. Trocar a pena de morte pela prisão perpétua não é ser mais civilizado, é mergulhar ainda mais na barbárie, na escuridão desumana, na inconsciência.

A primeira coisa que é preciso entender é que a pena de morte não é uma punição de verdade. Se você não pode dar a vida como recompensa, também não pode dar a morte como um castigo. Isso é pura lógica, não pode haver duas opiniões a respeito. Se você não pode dar vida às pessoas, que direito você tem de tirá-la?

Eu me lembro de uma história verídica. Dois criminosos encontraram um tesouro que estava escondido num castelo.

Muitas pessoas tinham tentado invadir o castelo para roubá-lo, mas tinham sido pegas; no entanto, esses criminosos conseguiram. O tesouro era imenso, e um dos dois resolveu que não queria dividi-lo. A única maneira era matar o outro, mas se fizesse isso poderia ser preso. Ele não podia se arriscar, não agora que todo o tesouro estava em suas mãos.

Ele então armou um plano muito ardiloso. Desapareceu e espalhou o boato de que tinha sido assassinado, deixando provas que poderiam incriminar o amigo pela sua morte. O outro então foi preso com todas as provas contra ele: faltavam duas balas no revólver dele e as suas digitais estavam no revólver. Um lenço com seu nome bordado foi encontrado na cena do crime. Ele não podia provar a sua inocência, não havia como; tudo estava contra ele, que foi condenado à pena de morte. Ele sabia que não tinha assassinado o amigo; sabia que a coisa toda era uma armadilha. O amigo não estava morto; era tudo um truque para que o outro ficasse com todo o tesouro.

Mas o homem fugiu da prisão antes de ser executado. E doze anos depois, quando ele ouviu dizer que o primeiro homem — que mudara de identidade e se tornara um político respeitado — tinha morrido, ele procurou as autoridades. Disse nos tribunais — diante do mesmo juiz: "Eu sou o homem que foi sentenciado à morte doze anos atrás, mas eu fugi. E sou absolutamente inocente, embora não tivesse provas".

Na verdade, a inocência nunca tem provas. As provas são do crime, não da inocência. Ele disse, "Agora o homem pelo qual fui acusado de assassinato doze anos atrás morreu — trata-se do mesmo homem. Por isso eu não poderia tê-lo assassinado doze anos atrás". Ele disse, "O único crime que cometi foi ter fugido da prisão, mas vocês podem chamar isso de crime? Quando vocês punem um homem inocente com a pena de morte, quem é o criminoso — vocês ou eu?"

Essa história tem muitas implicações. O homem perguntou, "E se eu fosse sentenciado à morte e não fugisse, mas fosse executado, qual seria o caso agora? E se tivesse vindo a público que o homem supostamente assassinado estava vivo, vocês poderiam me dar a minha vida de volta? Se vocês não podem me dar a minha vida de volta, que direito têm de tirá-la?"

Dizem que o juiz reconheceu o erro, desculpou-se e disse, "Talvez eu tenha cometido muitos crimes em minha vida".

Em todo o mundo, a realidade é esta: a menos que você prove a sua inocência, é considerado culpado. Isso vai contra todos os ideais humanitários, vai contra a democracia, o respeito pela individualidade; vai contra tudo. A regra diz que, até prova em contrário, você é inocente — isso é o que se diz na teoria — mas, na realidade, acontece justamente o oposto.

O ser humano continua dizendo uma coisa e fazendo outra. Ele fala sobre ser civilizado, aculturado — ele não é civilizado, nem aculturado. A pena de morte é uma prova disso.

>
>
> Se é errado assassinar, não faz diferença se quem faz isso é um indivíduo ou a sociedade e os seus tribunais.

Essa é uma lei de uma sociedade bárbara: olho por olho, dente por dente. Numa sociedade bárbara, se alguém corta uma das suas mãos, a lei diz que uma das mãos dessa pessoa deve ser cortada também. O mesmo tem ocorrido há eras, a pena de morte é exatamente a mesma lei: "Olho por olho. Se um homem supostamente assassinou alguém, ele tem que ser assassinado". Mas é estranho: se matar alguém é crime, então como você pode banir o crime da sociedade cometendo exatamente o mesmo crime? Havia um homem assassinado; agora existem dois. E não se tem certeza absoluta de que esse homem assassinou aquele, pois provar um assassinato não é uma coisa fácil.

Se é errado assassinar, não faz diferença se quem faz isso é um indivíduo ou a sociedade e os seus tribunais.

Matar certamente é um crime. A pena de morte é um crime cometido pela sociedade contra um único indivíduo, indefeso. Eu não posso chamar isso de pena, trata-se de um crime.

E dá até para entender por que ele é cometido; é um jeito de se vingar. A sociedade se vinga porque a pessoa não seguiu as regras. A sociedade está pronta para matar — mas ninguém se importa com o fato de que, quando alguém comete um assassinato, isso mostra que essa pessoa é psicologicamente doente. Em vez de mandá-la para a prisão ou executá-la, ela deve ser mandada para um lugar onde possa ser tratada — fisicamente, psicologicamente, espiritualmente. Ela é doente; precisa da compaixão da sociedade, não é uma questão de puni-la.

Sim, é verdade — um homem é assassinado. Mas não se pode fazer nada quanto a isso. Você acha que, matando a pessoa que o assassinou, você o trará de volta à vida? Se isso fosse possível, eu daria todo o meu apoio para que esse assassino fosse eliminado — ele não merece fazer parte da sociedade — e o outro poderia voltar a viver. Mas não é isso o que acontece. O outro se foi para sempre; não há como revivê-lo. Sim, você pode fazer uma coisa, pode matar também o homem que o matou. Você está lavando sangue com sangue, lodo com lodo.

Você não faz idéia do que já aconteceu ao longo da história em muitos casos! Trezentos anos atrás, em muitas culturas, as pessoas achavam que o louco fingia. Em outras culturas, achavam que ele estava possuído por espíritos. Em outras, ele era considerado louco, mas castigado mesmo assim. Essas eram as três maneiras pelas quais os loucos eram tratados.

Eles eram tratados com espancamentos — que tratamento mais estranho! — e com sangrias. Agora se fazem transfusões de sangue; antes se costumava fazer o contrário — eles tiravam o sangue da pessoa porque achavam que ela tinha energia demais. Naturalmente, quando tiravam o sangue da pessoa ela ficava fraca, começava a mostrar sinais de fraqueza porque perdia muito sangue, e então eles pensavam que tinham curado a pessoa da loucura.

Bater nas pessoas, naturalmente se faz isso uma vez ou outra, quando acontece de elas saírem de si. É como se a pessoa estivesse dormindo e você começasse a bater nela para acordá-la. O louco perde o contato com a mente consciente; se você bate nele com força, pode acontecer de ele acordar e recuperar a consciência. Essa era a prova de que o espancamento era o tratamento certo. Mas essa recuperação da consciência só acontecia de vez em quando; em noventa e nove por cento dos casos a pessoa era torturada desnecessariamente. Só que a exceção virou regra.

Pensava-se que os loucos estavam possuídos por espíritos, fantasmas; então a idéia era bater neles também, pois, se estavam possuídos por fantasmas, o espancamento só afetaria o espírito, não a pessoa. Você não está batendo no corpo da pessoa, está na verdade batendo nos fantasmas que estão possuindo a pessoa; e estes fugiriam ao serem espancados. E de vez em quando acontecia de a pessoa voltar a si — mas só de vez em quando, menos de um por cento, não mais do que isso.

Eu estive num lugar famoso por tratar pessoas loucas. Centenas de loucos eram levados para esse lugar. Tratava-se de um templo à beira de um rio, e o sacerdote do templo devia ter sido açougueiro pelo menos em algumas centenas de vidas. Ele parecia um açougueiro e dava em todo mundo uma boa surra. Esses loucos eram acorrentados e espancados, ficavam sem comida e tomavam laxantes fortes. Eu via que de vez em quando alguém recuperava a lucidez. Laxantes fortes durante alguns dias, sem nada no estômago, limpa o organismo. Os espancamentos faziam com que eles recuperassem um pouco da consciência. Sem comida, com fome — um homem faminto não tem condições de ser louco, porque o corpo dele está sob tortura. Para ser louco você precisa pelo menos de um pouco de conforto na vida.

Dá para ver — quanto mais confortável é uma sociedade; quanto mais luxuosa, mais opulenta é uma cultura, mais as pessoas ficam loucas. Quanto mais pobre é uma sociedade — fome, miséria —, menos as pessoas ficam loucas. A loucura precisa, em primeiro lugar, de uma mente. Mas a pessoa faminta não nutre a mente. Ela é desnutrida, por isso a mente não tem condições de enlouquecer. Pois essa mente precisa de mais energia do que normalmente se precisa para sobreviver. A loucura é uma doença do homem rico. Os pobres não têm condições de bancá-la.

Por isso, quando você deixa uma pessoa com fome e dá laxantes a ela, isso limpa o organismo dela. Ela fica com tanta fome que só pensa no próprio corpo. Ela esquece a mente, sua maior preocupação é o corpo. Não está mais interessada na mente e nos seus jogos mentais.

A loucura é um jogo mental.

Portanto, de vez em quando eu via uma pessoa sendo curada nesse templo, mas esse um por cento que recuperava a sanidade fazia com que a notícia se espalhasse e centenas de pessoas fossem levadas para lá. O templo ficou muito rico. Eu fui até lá muitas vezes para olhar, mas só uma vez encontrei um homem que se curou; os outros voltavam para casa depois de ser espancados e passar fome — voltavam até mais doentes, mais fracos. Muitos morriam por causa do tratamento desse sacerdote.

Mas, na Índia, se o tratamento é ministrado por um sacerdote num templo, um lugar sagrado, não é crime se você morrer; na verdade, você é considerado uma pessoa de sorte por ter morrido num lugar sagrado. Você renascerá num nível mais elevado de consciência. Por isso não é considerado crime. E os sacerdotes há muitos séculos cuidam das pessoas doentes, da mesma maneira, no mundo inteiro.

Agora sabemos que uma pessoa louca não pode ser tratada dessa maneira. Os loucos eram colocados na prisão, em solitárias. Isso ainda acontece em alguns lugares do mundo, porque não sabemos mais o que fazer. Só para esconder a nossa ignorância nós colocamos os loucos na cadeia, assim podemos esquecê-los; pelo menos podemos esquecer o fato de que eles existem.

Na minha cidade, um dos tios de um amigo meu era louco. Eles eram gente rica. Eu costumava freqüentar a casa deles, mesmo assim só fiquei sabendo anos depois que um dos tios desse amigo vivia no porão, acorrentado.

Eu perguntei, "Por quê?"

Eles disseram, "Ele é louco. Só havia duas alternativas: ou o mantínhamos em casa, acorrentado — é claro que não poderíamos acorrentá-lo aqui em cima, na casa, do contrário as pessoas viriam nos visitar e todo mundo ficaria preocupado. E os filhos, a esposa, vendo o pai, o marido nesse estado... seria terrível! Mandá-lo para a prisão acabaria com a reputação da família inteira, por isso demos um jeito. Nós o prendemos no porão. Quem leva comida para ele é um criado; com exceção dele, ninguém vai vê-lo, ninguém o visita".

Eu convenci o meu amigo a me deixar falar com o tio.

Ele disse, "Mas eu não posso acompanhar você — ele é perigoso, é louco! Mesmo acorrentado, ele pode tentar alguma coisa".

Eu disse, "Ele vai no máximo me matar. Você fica atrás de mim, assim, se ele me matar, você pode fugir — mas eu gostaria de vê-lo".

Os loucos precisam de métodos de meditação para conseguir sair da loucura. Os criminosos precisam de ajuda psicológica, de apoio espiritual.

Eles são pessoas profundamente doentes, e a sociedade está punindo pessoas doentes.

Como eu insisti, ele deu um jeito de pegar a chave com o criado encarregado de levar comida ao tio. Em trinta anos, eu fui a primeira pessoa do mundo exterior a vê-lo, além do criado. E esse homem podia ter sido louco um dia — não sei dizer —, mas quando o vi ele não era mais. Mas ninguém estava disposto a ouvi-lo porque todos os loucos dizem, "Eu não sou louco!" Então, quando ele dizia ao criado, "Diga à minha família que eu não sou louco", o criado simplesmente ria. Por fim, o criado até acabou dizendo à família, mas ninguém deu atenção.

Quando vi o homem, eu me sentei com ele e nós conversamos. Ele era tão lúcido quanto qualquer pessoa deste mundo — talvez um pouco mais, porque ele me disse uma coisa: "Ficar aqui durante trinta anos foi uma experiência e tanto. No fundo, eu acho que tenho sorte por ter ficado longe deste seu mundo maluco. Eles acham que sou louco — deixe que pensem, não faz mal; mas, na verdade, eu tenho sorte por ter ficado longe deste seu mundo maluco. O que você acha?"

Eu disse, "Você está absolutamente certo. O mundo lá fora é muito mais insano do que na época em que você se afastou dele, trinta anos atrás. Nesses trinta anos tudo evoluiu muito — inclusive a loucura. É melhor você parar de dizer às pessoas que não é louco; senão elas podem tirar você daqui! Você está vivendo uma bela vida aqui. Tem espaço suficiente para caminhar por aí..."

Ele disse, "Esse é o único exercício que eu posso fazer aqui: caminhar".

Eu comecei a ensinar a ele o vipassana. "Você está na situação perfeita para se tornar um buda: nenhuma preocupação, nenhum aborrecimento, nada que o perturbe. Você é realmente abençoado!" e a última vez que eu o vi, antes de ele morrer, eu reparei pelo rosto dele, pelos olhos, que ele não era a mesma pessoa — uma transformação total, uma mutação aconteceu a ele.

Os loucos precisam de métodos de meditação para conseguir sair da loucura. Os criminosos precisam de ajuda psicológica, de apoio espiritual. Eles são pessoas profundamente doentes, e a sociedade está punindo pessoas doentes. Não é culpa delas. Se alguém comete um assassinato, isso significa que essa pessoa estava carregando dentro dela há muito tempo uma tendência para o assassinato. Isso não acontece de repente, assim do nada: você de repente assassina alguém.

Se acontece um assassinato, então é porque a sociedade precisa ser observada, toda a sociedade teria de pagar por esse crime. Por que uma coisa assim aconteceu nessa sociedade? O que fizeram com esse homem que teve de cometer um assassinato? Por que ele se tornou tão destrutivo? — porque a natureza dá a todo mundo uma energia que é criativa. Ela só se torna destrutiva quando é obstruída, quando não permitem o fluxo natural. Sempre que a energia segue o curso natural, ela é bloqueada pela sociedade, é mutilada; é desviada para outra direção. Logo o homem está na maior confusão. Ele não sabe mais o que é o quê. Ele não sabe o que está fazendo, por que está fazendo. As causas originais são deixadas muito para trás; ele teve de dar tantas voltas que se transformou num quebra-cabeça.

Ninguém precisa da pena de morte, ninguém a merece. Na verdade, não só a pena de morte, mas nenhum outro tipo de punição é certo, porque a punição nunca cura a pessoa. Todo dia aumenta o número de criminosos; todo dia se constroem mais prisões. Isso é estranho. Não deveria ser assim. Deveria acontecer o contrário, porque com tantos tribunais, com tantas punições e com tantas prisões, deveria haver menos crimes, menos criminosos. Com o tempo, o número de prisões deveria diminuir, deveria haver menos tribunais. E não é isso o que está acontecendo.

Isso acontece porque todo o raciocínio das pessoas está errado. Não é possível ensinar punindo. Isto é o que os juristas, os especialistas em leis, os políticos vêm dizendo ao longo das eras: "Se não punirmos as pessoas, então como vamos ensiná-las? Todo mundo vai começar a cometer crimes. Temos de continuar punindo as pessoas para que elas fiquem com medo". Eles acham que o medo é o único meio de ensinar — mas o medo não é um meio de ensinar! A punição só faz com que as pessoas se acostumem com o medo, de modo que o choque original deixa de existir. Elas sabem o que pode acontecer: "O máximo que você pode fazer é bater em mim. Se tem quem agüente, eu também agüento. Além disso, de cem ladrões, só um ou dois são pegos. Ora, se você não está disposto a assumir nem mesmo esse risco — noventa e nove por cento de sucesso, dois por cento de fracasso —, que tipo de homem você é?"

Ninguém aprende com a punição. Nem a pessoa que está sendo punida aprende o que você quer que ela aprenda. Sim, ela aprende outra coisa, aprende a ficar insensível.

E, depois que a pessoa vai para a prisão, a prisão se torna a casa dela, porque ali ela encontra pessoas que pensam como ela. Ali ela encontra a sua verdadeira sociedade. Lá fora ela é estrangeira; na prisão ela está no seu próprio mundo. Todos falam a mesma língua e há especialistas. Você pode ser apenas um amador, um aprendiz; essa pode ser a sua primeira vez.

Ouvi uma história sobre um homem que foi para a prisão e, na cela escura, ele viu um velho descansando. O velho perguntou a ele, "Quanto tempo você vai ficar aqui?"

O recém-chegado disse, "Dez anos".

O velho então disse, "Então você pode ficar perto da porta. Dez anos apenas! Você deve ser amador. Eu vou ficar aqui cinqüenta anos, então pode ficar perto da porta. Logo vai sair".

Mas, se você ficar com especialistas durante dez anos, é claro que vai aprender todas as técnicas, estratégias, métodos que eles sabem. Você aprende com a experiência deles. Vai descobrir que a cadeia é uma espécie de universidade onde se ensina o crime com o dinheiro do governo. Você vai conhecer professores do crime, decanos da faculdade do crime, vice-reitores, reitores — todo tipo de gente que cometeu todo tipo de crime que você pode imaginar. Com certeza o recém-chegado começa a aprender.

Eu tenho visitado muitas prisões, e em todas elas o clima é basicamente o mesmo. A idéia que predomina em todas essas prisões e cadeias que eu visitei é a de que você não está ali porque cometeu um crime, mas porque foi pego. Então você tem de aprender os jeitos certos de fazer coisas erradas. Não é uma questão de fazer o que é certo; a questão é fazer o que é errado do jeito certo. E todo preso aprende o jeito certo de fazer coisas erradas na cadeia. Na realidade, eu conversei com presos que disseram, "Estamos loucos para sair daqui o mais rápido possível porque aprendemos tanto que queremos praticar. Só estavam faltando os aspectos práticos, pois antes de serem presos eles tinham apenas o conhecimento teórico. Para o ensinamento prático você precisa que a sociedade da prisão ensine você".

Depois que o sujeito vai para a prisão, em nenhum outro lugar ele se sente mais à vontade; cedo ou tarde ele acaba voltando para lá. Com o tempo, a prisão passa a ser a sua sociedade alternativa. Ela é mais confortável, ele se sente mais em casa ali; ninguém olha para ele de cima. Todo mundo é criminoso. Ninguém é padre, ninguém é sábio, ninguém é santo. São todos pobres seres humanos com as suas fraquezas e fragilidades.

Do lado de fora ele se sente rejeitado, abandonado.

Na minha cidade, havia um criminoso inveterado. Era uma bela criatura; o nome dele era Barkat Mian e ele passava quase nove meses na prisão e três meses fora dela. Nesses três meses em que ele ficava em liberdade, ele ia à delegacia toda semana, para mostrar que tudo estava bem e que ele ainda estava por ali. Mas eu tinha uma grande amizade com esse homem. A minha família era muito rígida; eles diziam, "Por que você anda na companhia de Barkat?", eles costumavam me dizer. "Um homem se conhece pelas suas companhias".

Eu dizia, "Eu entendo vocês. Isso significa que Barkat ficará conhecido por mim, e que mal há em conferir um pouco de respeitabilidade a um homem?"

Os meus parentes diziam, "Quando você vai começar a ver as coisas do jeito certo?"

Eu dizia, "Eu estou vendo do jeito certo. Barkat não está me pervertendo, eu é que estou fazendo com que ele se engrandeça. Vocês acham que o seu mal é mais forte que o meu bem? Vocês não confiam na minha integridade; confiam na integridade de Barkat! Seja qual for a opinião de vocês, eu confio em mim mesmo. Barkat não pode me fazer nenhum mal. Se alguém sair prejudicado esse alguém é Barkat, não eu".

Ele era realmente um belo homem, muito bacana, e costumava me dizer, "Você não devia andar comigo por aí. Se quiser se encontrar comigo e conversar, podemos dar um jeito de nos ver em algum lugar fora da cidade, nas margens do rio". Ele morava perto do cemitério Mohammedan, para onde ninguém vai a menos que esteja morto; e só vai uma vez. Não deixavam que ele morasse na cidade. Na cidade, ninguém se dispunha a lhe alugar uma casa. Não importava o quanto ele estivesse disposto a pagar pelo aluguel, ninguém o aceitava. Ninguém iria aceitá-lo.

Eu perguntei a Barkat, "Como você virou ladrão?"

Ele disse, "A primeira vez que fui preso, eu era absolutamente inocente, mas era pobre, não podia pagar um advogado e as pessoas que me queriam na cadeia tinham os seus interesses particulares. O meu pai e a minha mãe morreram quando eu era muito novo, eu tinha 14 ou 15 anos. E os meus parentes queriam ficar com todos os bens da família, a casa, as terras — mas antes eles precisavam me tirar do caminho. Então deram um jeito. Colocaram algo na minha bolsa, em casa, e não havia como eu escapar dessa. Encontraram o objeto na minha bolsa e eu fui parar na cadeia. Quando saí, já tinham tomado as minhas terras, vendido a minha casa e distribuído o dinheiro entre eles. Eu fiquei na rua".

"Portanto, da primeira vez, eu era inocente quando fui para a cadeia, mas quando saí de lá não era mais, porque eu já estava diplomado. Contei a todo mundo na cadeia o que tinha acontecido comigo — eu só tinha 17 anos — e eles disseram, 'Não se preocupe, esses nove meses passarão rápido, mas enquanto isso, daremos um trato em você e você poderá se vingar de todo mundo'."

"Eu comecei me vingando de todos os meus parentes — isso foi muito fácil. Eles tinham me obrigado a virar ladrão, e eu provei a eles que de fato eu tinha me tornado um. Fui atrás de todo esse bando de parentes e roubei tudo o que eles tinham. Mas aos poucos fui me envolvendo cada vez mais. Você pode escapar dez vezes, mas na décima primeira você acaba sendo pego. À medida que a gente vai ficando mais velho e mais eficiente, é mais fácil escapar. Mas surge um problema; na realidade, a prisão é um lugar relaxante, umas férias do trabalho, das preocupações e de todo tipo de coisa. Alguns meses na cadeia fazem muito bem à saúde — é uma vida disciplinada, em que se tem horário para levantar, para trabalhar, para dormir. E comida suficiente para se manter vivo."

Ele disse, "Eu nunca fico doente na cadeia, a menos que eu finja estar para ir passar uns dias no hospital e ter uma folguinha. Lá fora eu fico doente, mas na prisão não. E lá fora é um mundo estranho; todo mundo é superior e eu sou inferior, só na cadeia eu tenho uma sensação de liberdade".

A população mundial tem de se reduzir a um terço para que o crime desapareça da face da Terra.

Que estranho! Quando ele disse isso, eu perguntei, "Quer dizer que na cadeia você se sente livre?"

Ele disse, "É, só na cadeia eu me sinto livre".

Que tipo de sociedade é essa em que na cadeia as pessoas se sentem livres e aqui fora se sentem aprisionadas?

E essa é praticamente a história de qualquer criminoso. Uma coisinha no início — talvez ele estivesse com fome, talvez sentisse frio, precisasse de um cobertor e roubasse um —, pequenas necessidades que deveriam ser atendidas; do contrário a sociedade não produziria esse tipo de pessoa. Ninguém pede a sociedade para produzi-las. Por um lado, continua nascendo cada vez mais gente e não há o suficiente para todas; nem comida, nem roupas, nem abrigo. Então o que você espera? As pessoas estão sendo colocadas numa situação em que fatalmente se tornarão criminosas.

A população mundial tem de se reduzir a um terço para que o crime desapareça da face da Terra.

Mas ninguém quer que o crime deixe de existir, porque os juízes também teriam de deixar de existir, assim como os advogados, os especialistas em leis, os parlamentares, os policiais, os carcereiros. Haveria um grande problema de desemprego; ninguém quer que nada mude para melhor.

Todo mundo diz que as coisas deviam melhorar, mas todo mundo continua fazendo com que elas piorem, porque quanto pior estiverem mais pessoas terão emprego. Quanto pior estiverem mais chance você tem de se sentir bom. Os criminosos são necessários para que você se sinta uma pessoa de moral, respeitável. Os pecadores são necessários para que os santos se sintam santos. Sem pecadores, quem seria santo? Se toda a sociedade fosse feita de pessoas boas, você acha que Jesus Cristo seria lembrado durante dois mil anos? A troco de quê? É a sociedade criminosa que se lembra de Jesus Cristo durante dois mil anos.

Isso é muito simples de entender. Por que você se lembra de Gautama Buda? Se houvesse milhões de budas, de pessoas despertas neste mundo, você nem repararia. O que Gautama Buda teria de especial? Ele ficaria perdido na multidão. Mas 25 séculos se passaram e ele continua firme como um pilar de pedra, o cume de uma montanha, muito acima da nossa cabeça.

Na verdade, Buda, Jesus, Mahavira não são gigantes — você é que é um pigmeu. E todo gigante procura fazer com que você continue se sentindo um pigmeu; do contrário ele não será mais gigante. Essa é uma grande conspiração.

Eu sou contra toda essa conspiração. Eu não sou nem gigante nem pigmeu; não tenho interesses escusos. Eu sou apenas eu mesmo. Não me comparo a ninguém, portanto ninguém é inferior nem superior a mim. Por causa desse simples fato, eu consigo ver diretamente; não há interesses escusos criando divisões no meu modo de ver. E essa é a minha resposta imediata à questão da pena de morte — ela é simplesmente a prova de que o homem ainda precisa ser civilizado, precisa ser aculturado, precisa conhecer valores humanos.

Neste mundo ninguém é criminoso, nem nunca foi. Sim, existem pessoas que precisam de compaixão — não de prisões, punições. Todas as prisões deviam ser transformadas em centros de tratamento psicológico.

QUESTÕES DE VIDA E MORTE – RESPOSTAS A PERGUNTAS

A minha irmã sofreu um acidente e desde então não anda mais, não enxerga, não ouve e não fala. Não seria melhor deixá-la morrer?

Essa é uma das questões mais fundamentais que se tem levantado no mundo todo de diferentes maneiras. Porque durante séculos aceitamos a idéia de que a morte tem de ser evitada, de que ela é algo ruim — de que a vida é uma dádiva de Deus e a morte é trazida pelo diabo.

Até mesmo na profissão médica, todo médico que se forma tem de fazer o juramento de Hipócrates, dizendo que não ajudará, em hipótese alguma, ninguém a morrer; ajudará, de todas as maneiras possíveis, a proteger a vida.

Isso fazia sentido na época de Hipócrates, porque de cada dez crianças nascidas naquele tempo só uma sobrevivia e chegava à idade adulta. Nove morriam, essa era a situação. Toda a população da Terra na época de Gautama Buda era tão pequena que você nem pode imaginar. Era de apenas duzentos milhões. Agora, só a Índia tem quase um bilhão de pessoas. O mundo todo tem mais de cinco bilhões de pessoas. De duzentos milhões, em 25 séculos, a população saltou para mais de cinco bilhões de pessoas, no mesmo planeta! E a medicina avançou a passos largos.

Costumava-se dizer que setenta anos era o máximo que uma pessoa podia viver. Durante quase cinco mil anos, os cientistas estudavam os ossos, o esqueleto, para saber com exatidão quanto um homem podia viver. E eles chegaram à conclusão de que as pessoas não eram feitas para viver mais do que quarenta anos — por isso as pessoas tinham razão quando diziam que, antigamente, a vida era mais bela, pois nenhum pai via morrer um filho. É natural. Se todo pai vivia até os quarenta anos, como ele iria ver a morte do próprio filho?

Mas nisso, aquelas nove criancinhas não estavam incluídas, porque elas não viviam mais de dois anos. Portanto, na realidade, todo pai via dúzias de filhos e filhas morrer. Se a criança sobrevivesse aos primeiros dois anos, então havia a possibilidade de ela viver pelo menos quarenta anos. Naturalmente, nesse meio-tempo o pai já estaria à beira da morte.

> Mas se a pessoa, durante um mês inteiro, continuasse gostando da idéia de morrer, feliz, realmente ansiosa para passar pela morte como quem vai viver uma aventura, então é nosso dever deixar que essa pessoa deixe o corpo da maneira mais elegante possível.

Agora, existem muitas pessoas que passaram dos cem anos de idade e, em algumas partes do mundo, você pode encontrar um homem com mais de cem anos que ainda trabalhe no campo assim como um jovem. Alguns cientistas dizem que existe a possibilidade, com a alimentação certa, os exercícios certos e a atmosfera certa, que o corpo de uma pessoa consiga viver pelo menos trezentos anos. Essa é uma perspectiva muito perigosa, porque mesmo aos noventa ou aos cem anos você estará com sede de viver — o que vai ficar fazendo durante trezentos anos? Os membros da sua família não reconhecerão você. Em trezentos anos, haverá tantas gerações de descendentes que eles já não terão parentesco nenhum com você! O intervalo de tempo será grande demais!

E o que você vai fazer? Você já viveu, já amou. Já viu tudo o que existe na vida — os fracassos, os sucessos; as dores e os prazeres, os dias e as noites. Você terá visto todas as estações; não haverá mais nada para ver. Será apenas repetição, a mesma roda em movimento.

Nós temos de pensar outra vez em toda a questão da morte. Na minha opinião, se a pessoa chegou a um ponto em que descobre que a sua vida não tem mais nenhum sentido, que ela já viveu o suficiente, não deveria ser ilegal. Deveria ser permitido; na verdade, todo hospital deveria ter um departamento especial para essas pessoas que vêm para morrer ali — então elas poderiam morrer em paz, em silêncio, cercada de cuidados médicos. Esses cuidados médicos não seriam para mantê-las vivas, seriam para ajudá-las a morrer da maneira mais bela e tranqüila possível.

A minha sugestão é que todo departamento de morte de um hospital tivesse um meditador, que pudesse ajudar as pessoas a aprender meditação antes de morrer, de modo que elas morressem num estado de espírito meditativo. A morte delas se tornaria uma experiência inestimável, talvez mais valiosa do que foi toda a sua vida. E elas não estariam cometendo nenhum pecado.

A pessoa teria tempo para pensar. Talvez ela estivesse emocionalmente abalada no momento. Talvez tivesse acontecido algo que desse a ela a idéia de morrer — "É melhor dar um fim à minha vida". Ela deveria ter um tempo para pensar, deveriam dizer a ela, "Você se interna no hospital, fica descansando durante um mês e se prepara para a morte. Nós ajudaremos. Mas, se durante esse mês, você mudar de idéia, tudo bem. Você pode se levantar e ir embora! Ninguém o obrigará a nada".

E lembre-se, nenhuma emoção dura mais do que alguns minutos. Qualquer pessoa que comete suicídio, se esperasse mais um minutinho, talvez voltasse atrás. É uma coisa momentânea. Mas se a pessoa, durante um mês inteiro, continuasse gostando da idéia de morrer, feliz, realmente ansiosa para passar pela morte como quem vai viver uma aventura, então é nosso dever deixar que essa pessoa deixe o corpo da maneira mais elegante possível.

Em resposta à pergunta, eu tive de fazer toda essa introdução para você entender que a morte não é ruim, ela é natural. Mas a pergunta não se refere a um idoso. A pergunta é sobre uma irmã mais nova, que não pode andar, não pode enxergar, não pode ouvir nem pode falar. Todos os sentidos estão ausentes. Ora, você pode chamar isso de vida? É simplesmente vegetar. E ela deve estar sofrendo horrores. Isso não podemos ver, porque ela não fala. Ela não pode se comunicar. Está absolutamente sozinha, apartada de toda a vida. Para que deixá-la vegetando durante setenta, oitenta ou noventa anos — talvez mais? Ela será um peso para a família. Será um motivo de tristeza para a família e ela própria viverá num inferno, porque está completamente aprisionada.

Pense se fosse você. Não poderia haver um campo de concentração pior: os seus olhos não enxergam mais, os seus ouvidos estão surdos, você não consegue falar. Você estará em coma. Deve haver muitas pessoas nessa situação. Eu próprio visito uma mulher que está em coma há nove meses. E os médicos dizem que ela nunca mais recuperará a consciência, porque está inconsciente há tanto tempo que o delicado sistema nervoso que mantém a consciência já foi danificado. Eles me mostraram as tomografias do cérebro e disseram que todas as áreas responsáveis pela consciência estavam mortas. Ela continuaria inconsciente e talvez por cinqüenta anos, porque ela não tinha mais do que trinta quando eu a vi. Agora ela representa um peso constante para toda a família, para o marido e para os filhos. Eles não podem fazer nada, estão simplesmente desamparados. Os médicos não podem fazer nada, também estão desamparados. Mas a lei impede que ajudem qualquer pessoa a morrer; do contrário são considerados criminosos. Eles seriam considerados assassinos.

A lei é primitiva. Ela não conhece a compaixão. Essa mulher precisa de uma morte misericordiosa. Ela não pode sequer pedir para morrer!

A irmã dessa pessoa que fez a pergunta não pode nem pedir para morrer. Mas aqueles que a amam devem fazer uma solicitação às autoridades do país a que pertençam. Eles devem levar esse caso aos tribunais e insistir em dizer que mantê-la viva é falta de compaixão. Não é amor, é uma idéia absolutamente primitiva, que não tem respaldo nenhum hoje em dia. Deixem que saibam que toda a família está disposta, que ela deve ser libertada dessa prisão para que possa nascer outra vez, num novo corpo — com olhos, com ouvidos, em que ela possa falar e andar. A morte dela não será uma calamidade. Será uma bênção para ela.

Eu estou lhe dando simplesmente a minha opinião. Não estou falando para fazer o que eu digo, porque isso pode ser ilegal no seu país. Você tem de levar esse caso à justiça e fazer dele uma discussão nacional, porque pode ser que não seja apenas a sua irmã que esteja nessa situação. Pode haver muitas outras crianças e jovens sofrendo da mesma maneira — por nenhuma outra razão que não seja a lei proibindo que um médico ajude uma pessoa a deixar o corpo.

Já está na hora de entendermos isso, de os médicos entenderem isso — o juramento de Hipócrates não deve mais ser feito pelos médicos que se formam. Eles deveriam fazer um juramento que ajudasse a pessoa a viver se ela pudesse fazer isso profusamente, com mais beleza — mas, se a pessoa não pode viver e você continua ajudando-a simplesmente a respirar... Respiração não é vida! Então é melhor ajudar a pessoa a morrer. Em ambos os casos, você está demonstrando compaixão. Se você serve à vida ou se serve à morte, não importa! A sua compaixão deve procurar fazer com que a pessoa vá para um espaço melhor, para uma vida melhor.

E todo país deveria aprovar uma lei, assim como a maioria já aceita o controle da natalidade. Essa é uma extremidade da vida; você impede crianças de nascerem. Se aceita isso, então você também precisa permitir que, na outra extremidade, os velhos desejosos de deixar este mundo possam deixá-lo com alguma cerimônia. Que eles possam chamar todos os amigos, toda a família. Possam conviver com toda a família durante um mês, porque dali para a frente eles não viverão mais do que um mês.

O seu nascimento não é você quem controla, mas pelo menos você pode ter liberdade para escolher a sua morte. O governo de alguns poucos países logo vai aceitar que, no outro extremo da vida, também possamos ajudar as pessoas a ir embora mais rápido. O mundo está superpovoado. Por um lado estamos evitando que mais pessoas nasçam e, por outro, temos de deixar que elas partam, para que o mundo fique menos povoado e menos pobre.

E não é uma questão apenas de fazer com que o mundo fique menos povoado e menos pobre, é também uma questão dessas pessoas. Em quase todos os países ocidentais, e particularmente nos Estados Unidos, centenas de milhares de pessoas estão simplesmente vivendo em hospitais. Elas têm 90 ou 100 anos de idade. Não podem ficar em casa porque não conseguem nem mesmo respirar sozinhas. E ainda estão sendo mantidas vivas — para quê? Estão ligadas a respiradores. Não acho que essas pessoas gostem disso. Elas nunca mais voltarão para casa. Morrerão no hospital. E não vejo qual é a lógica de mantê-las respirando artificialmente. Se o corpo delas não consegue respirar, então, por favor, deixe que elas não respirem! Essa é uma questão pessoal.

Estão interferindo demais! Não estão deixando que elas morram! Elas estão prontas para morrer e estão sendo forçadas a continuar, muito embora ninguém saiba qual o propósito disso. E, se estão mantendo milhares de pessoas vivas, que deveriam estar descansando em paz na sepultura, ocupando desnecessariamente os leitos de hospital, o tempo dos médicos, tantas máquinas e tantos cuidados — qual é o propósito disso? Depois de dois ou três anos elas param até mesmo de respirar artificialmente. Elas se recusarão a respirar. Nada mais vai adiantar. Mas durante três anos elas serão mantidas desnecessariamente sob tortura. E acham que isso é serviço, acham que isso é compaixão. Acham que isso é cristão. Isso não passa de crueldade!

Deixem que essas pobres pessoas morram. E existem milhares de pessoas ao redor do mundo que estão prontas para deixar o corpo, porque ele só representa dor para elas. Tão doentes, tão enfermas, não há mais nada que elas possam fazer. Não há mais nada que elas possam apreciar.

Mas este é um mundo muito estranho. Ele continua seguindo leis obsoletas, que já não têm mais nenhuma realidade, que se tornaram meras sombras do passado e agora estão torturando a humanidade desnecessariamente.

A minha sugestão é que a sua irmã seja libertada desse corpo, porque ele não passa de uma prisão para ela. Se você a ama, tem de dizer adeus. Com lágrimas, com tristeza, mas ainda assim tem de dizer adeus, tem de meditar e tem de rezar para que ela possa nascer num corpo melhor. Mas procure as autoridades, faça uma mobilização a respeito do caso, para que não apenas a sua irmã receba ajuda. Pode haver muitas outras pessoas na mesma situação. Crie uma verdadeira comoção em torno do caso, pois só assim permitirão, só assim a sua irmã poderá morrer em paz. E não se preocupe — porque o seu ser mais profundo nunca morre.

O ponto mais forte da minha criação cristã era não ser egoísta, não pensar em mim mesmo. Agora, ao me lembrar de mim mesmo e seguir o impulso de me voltar para dentro, parece que eu tenho de atravessar uma camada de culpa, confusão e desconforto. Você poderia falar sobre isso?

Todas as religiões causaram um enorme dano ao crescimento do ser humano, mas o Cristianismo é a pior delas, quando se trata de causar danos à humanidade. Eles têm usado palavras lindas para esconder atos medonhos contra as pessoas. Por exemplo, não ser egoísta — dizer a uma pessoa que não conhece a si mesma para não ser egoísta é uma idiotice tão grande que não dá nem para acreditar que o Cristianismo tenha feito isso durante dois mil anos.

A menos que você seja egoísta o suficiente para se conhecer, será impossível não ser egoísta. A falta de egoísmo é uma conseqüência de conhecer a si mesmo, de ser você mesmo.

Sócrates diz, "Conhece a ti mesmo; tudo o mais é secundário". Conhecendo a si mesmo, você não poderá ser egoísta. Na verdade, você de fato não será egoísta; e não precisará se esforçar para isso. Conhecendo a si mesmo, você não apenas conhecerá a si mesmo, mas também conhecerá o eu de todas as pessoas. Trata-se da mesma coisa, de uma só consciência, de um só continente. As pessoas não são ilhas. Mas sem ensinar as pessoas a conhecer o seu próprio ser, o Cristianismo fez um jogo perigoso, e que tem atraído as pessoas, porque eles usam palavras muito bonitas: "altruísmo, desprendimento, abnegação". Elas parecem religiosas, espirituais. Quando eu digo, "Primeiro seja egoísta", isso não parece nada espiritual.

Egoísta?

A sua mente está condicionada a pensar que o egoísmo não é espiritual, eu sei, mas, a menos que você seja egoísta o suficiente para se conhecer, será impossível não ser egoísta. A falta de egoísmo é uma conseqüência de conhecer a si mesmo, de ser você mesmo. Aí ele não será um ato de virtude, não será uma tentativa de ganhar recompensas no céu. Ele será simplesmente a sua natureza e cada ato de desprendimento, de abnegação, será, por si só, uma recompensa.

Mas o Cristianismo colocou a carroça na frente dos bois — assim a carroça não anda, ela fica empacada. Os bois não andam porque a carroça está na frente e a carroça não anda porque só pode andar se os bois estiverem na frente, puxando.

Isso acontece com quase todos os cristãos quando eles começam a meditar: começam a sentir culpa — enquanto o mundo enfrenta tantos problemas, as pessoas vivem na pobreza, estão morrendo de fome, estão sofrendo de AIDS, você fica meditando? Você deve ser um sujeito muito egoísta! Primeiro ajude os pobres, primeiro ajude as pessoas que estão sofrendo de AIDS, primeiro ajude todo mundo!

Mas a sua vida é curta demais. Em setenta ou oitenta anos, quantos atos de altruísmo você pode praticar? E quando você encontrará tempo para a meditação? Porque sempre que você começar a pensar em meditar, lembrará que ainda existem pessoas pobres, novas doenças estarão surgindo, haverá órfãos, mendigos.

Uma mãe estava dizendo ao filho pequeno, "Não ser egoísta é um princípio básico da nossa religião. Não seja egoísta, ajude os outros".

O garotinho — e as crianças pequenas são muito mais perceptivas e lúcidas do que as grandes — ele disse, "Que coisa mais estranha! Eu tenho de ajudar os outros e os outros têm de me ajudar. Por que não deixar tudo mais simples? Eu me ajudo e eles se ajudam!" Esse princípio básico da religião parece muito complicado — e desnecessariamente complicado.

Na realidade, o Cristianismo condenou as religiões orientais simplesmente porque elas parecem egoístas. Mahavira, o místico jaina, meditou durante doze anos... Ele deveria estar dando aulas numa escola ou trabalhando num hospital. Ele deveria cuidar de crianças órfãs, ser alguém como madre Teresa e ganhar o prêmio Nobel.

É claro que nenhum meditador jamais ganhou o prêmio Nobel. Para quê? — você nunca fez nada altruísta. Você é a pessoa mais egoísta deste mundo, a única coisa que faz é meditar e usufruir o silêncio, a paz, a bem-aventurança, descobrir a verdade, descobrir a divindade, libertar-se de todas as prisões. Isso tudo é egoísmo. Então a mente cristã percebe que é meio difícil aceitar a idéia da meditação. No Cristianismo, não existe meditação, só existe oração.

Eles não podem considerar Gautama Buda um homem religioso, porque o que ele fez pelos pobres? O que ele fez pelos doentes? O que ele fez pelos velhos? Ele se tornou iluminado

— esse é o cúmulo do egoísmo! Mas o Oriente tem uma visão completamente diferente — e muito mais lógica, sensata, compreensível. O Oriente sempre achou que, a não ser que você tenha paz, silêncio no coração, uma canção em seu ser, uma luz irradiando a sua iluminação, você não poderá servir ninguém. Você mesmo está doente; você mesmo é um órfão, porque não encontrou ainda a segurança suprema da vida, a segurança eterna da vida. Você é tão pobre interiormente que ali não existe mais nada além de escuridão. Como pode ajudar os outros? Você mesmo está se afogando! Seria perigoso ajudar alguém; o mais provável é que você afogasse a outra pessoa também. Primeiro você tem de aprender a nadar. Só então você pode ajudar alguém que está se afogando.

O meu modo de ver é absolutamente claro. Primeiro seja egoísta e descubra tudo o que existe dentro de você — todas as alegrias e todas as bem-aventuranças e todos os êxtases. E depois o altruísmo será como uma sombra seguindo você — porque para ter um coração bailarino, para ter a divindade em seu ser, você tem de compartilhá-lo. Você não pode mantê-lo só para si, como um miserável, porque a avareza para o seu crescimento interior é a morte.

A economia do crescimento interior é diferente da economia exterior. De acordo com a economia comum, quanto mais você dá, menos você tem. Mas, segundo a economia espiritual, se você não der, terá cada vez menos; se você der, terá cada vez mais. As leis do mundo exterior e as leis do mundo interior são diametralmente opostas.

Primeiro torne-se rico interiormente, primeiro torne-se um imperador. Então você terá tanto a compartilhar que nem poderá chamar isso de altruísmo. E você não vai querer receber algum dia uma recompensa aqui ou ali. Você nem vai esperar gratidão da pessoa a quem você deu alguma coisa; pelo contrário, você será grato a ela por não rejeitar o seu amor, a sua bem-aventurança, o seu êxtase. A pessoa foi receptiva, deixou que você oferecesse o seu coração, as suas canções e a sua música.

A idéia cristã de altruísmo é absolutamente estúpida. O Oriente nunca pensou da mesma maneira. Toda a história do Oriente e a sua busca pela verdade são muito longas e descobriram um único fato — primeiro você tem de cuidar de si mesmo; só então poderá cuidar dos outros.

A pessoa que fez a pergunta sente uma certa culpa. Ela diz, "Parece que eu tenho de atravessar uma camada de culpa, confusão e desconforto. Você poderia falar sobre isso?"

Primeiro torne-se rico interiormente, primeiro torne-se um imperador. Então você terá tanto a compartilhar que nem poderá chamar isso de altruísmo.

Trata-se de um fenômeno simples. O Cristianismo levou milhões de pessoas pelo caminho errado. E o fundamentalista cristão é uma pessoa muito mais fanática e intolerante do que você pode imaginar. Hoje em dia, o Oriente esqueceu os seus dias de glória — os dias de Gautama Buda e de Mahavira. Agora, até as pessoas que não são cristãs são influenciadas pela ideologia cristã. A atual constituição indiana diz que a caridade consiste em ajudar os pobres, garantir a eles escolas e hospitais. Nenhuma dessas três coisas consta nos ensinamentos de Gautama Buda. Não que ele seja contra ajudar os pobres, mas porque ele sabe que, se você for um meditador, você vai ajudar, mas não fará nenhum alarde em torno disso. Será uma coisa simples e natural.

Mas ensinar meditação não é caridade, construir um hospital é. Construir uma escola e ensinar geografia e história é caridade. E o que você vai ensinar em geografia? — onde é Timbuktu, onde é Constantinopla. Em história, o que você vai ensinar? — sobre Gêngis Khan, Tamurlaine, Nadirshah, Alexandre o Grande, Ivan o Terrível. Isso é caridade? Mas ensinar as pessoas a serem silenciosas, pacíficas, amorosas, felizes, satisfeitas, plenas não é caridade. Até as pessoas que não são cristãs foram infectadas com essa doença.

Mahatma Ghandi, pelo menos três vezes na vida, esteve prestes a se tornar cristão. Na verdade, ele era noventa por cento cristão. O dr. Ambedkar, que escreveu a constituição indiana, achou durante anos que ele e os seus seguidores deveriam se tornar cristãos. Por fim, ele decidiu que eles deveriam se tornar budistas. Mas, em toda constituição da Índia, você pode ver o impacto do Cristianismo. Em toda constituição indiana não se faz uma única menção à palavra "meditação" — que tem sido a contribuição do Oriente ao mundo, a sua mais valiosa contribuição. Em vez disso, a constituição reflete mais o que os missionários cristãos ensinam. Ela não reflete Gautama Buda, não reflete Kabir, não reflete Nanak.

Eu não consigo ver como a caridade é possível sem meditação.

Portanto a sua culpa é apenas um condicionamento errado. Descarte-o, sem nem mesmo hesitar. Você deixará de ser egoísta sendo completamente egoísta. Primeiro você tem de ser rico interiormente — tão rico, tão transbordantemente rico que você tenha de compartilhar, assim como a nuvem carregada de chuva tem de compartilhar a sua chuva com a terra sedenta. Mas primeiro a nuvem tem de ficar carregada de chuva. Dizer para nuvens vazias, "Você não pode ser egoísta" é simplesmente irracional.

As pessoas me procuram, muito bem intencionadas, cheias de boas intenções, e dizem, "Que lugar estranho é este em que você vive! Você devia abrir um hospital para os pobres; abrir um orfanato; distribuir roupa aos mendigos, ajudar os necessitados". O meu ponto de vista é completamente diferente. Eu posso proporcionar controle de natalidade para os pobres para que não haja mais órfãos. Posso distribuir anticoncepcionais para os pobres para que não haja uma explosão populacional, porque eu não consigo entender de que adianta — primeiro criar órfãos e depois criar orfanatos e depois servi-los e desperdiçar a sua vida?

Quando eu comecei a dar palestras nos anos 60, a Índia tinha uma população de 400 milhões de pessoas. Desde aquela época eu dizia que o controle de natalidade era absolutamente necessário. Mas os cristãos são contra o controle de natalidade e, em apenas 35 anos, a população da Índia mais do que dobrou. De 400 milhões fomos para 900 milhões. Quinhentos milhões de nascimentos poderiam ter sido evitados e não seria preciso Madre Teresa, não seria preciso o papa vir à Índia para ensinar sobre altruísmo.

Mas as pessoas são estranhas — primeiro deixam que elas fiquem doentes e depois lhes dão remédio. E eles encontraram maneiras muito bonitas. Em todos os Lions Clubs e Rotary Clubs, eles fazem uma caixa para os associados — se você compra um frasco de remédio e se cura, e sobra ainda metade do frasco, você doa para o Lions Club. É dessa maneira que eles coletam remédios, e então eles são pessoas altruístas e bondosas, pois distribuem os remédios. Esses remédios iam para o lixo — se você se curasse, o que ia fazer com o resto do remédio? É uma ótima idéia coletar todos esses remédios e distribuí-los para os pobres — e cultivar um enorme sentimento de estar ajudando as pessoas.

No meu modo de ver, a primeira coisa de que o ser humano precisa é de uma consciência meditativa. E depois que você tem uma consciência meditativa, qualquer coisa que você fizer será útil para todo mundo; você não poderá fazer nenhum mal, só poderá praticar atos de amor e compaixão.

Então eu repito: primeiro seja egoísta. Conheça a si mesmo, seja você mesmo e depois a sua própria vida não será nada mais do que compartilhar, um compartilhar cheio de desprendimento e sem a expectativa de receber nenhuma recompensa neste mundo ou no próximo.

O PODER DE CURA DO AMOR

Fomos todos criados de tal maneira que todo mundo se tornou idealista. Ninguém é realista. O ideal é uma doença que aflige toda a humanidade.

Fomos todos criados de tal maneira que todo mundo vive achando que tem de ser alguma coisa, tem de ser alguém um dia. Dão a você uma imagem e você precisa ser como ela. Isso deixa você tenso porque você não é a imagem, você é outra coisa, no entanto tem de ser essa imagem.

Por isso a pessoa vive condenando o real em favor do irreal — o irreal é irreal! E o ideal continua empurrando você para o futuro, para longe do presente.

O ideal passa a ser um pesadelo constante porque ele vive condenando. Qualquer coisa que você faça é imperfeita porque você tem um ideal de perfeição. Qualquer coisa que você conquiste ainda não o satisfaz, porque você tem expectativas insanas que nunca poderão ser satisfeitas.

Você é um ser humano, num certo tempo, num certo espaço, com certas limitações. Aceite essas limitações. Os perfeccionistas estão sempre nas raias da loucura. Eles são pessoas obsessivas — seja o que for que façam nunca é bom o bastante. E não há como fazer algo de modo perfeito — a perfeição não é humanamente possível. Na realidade, o único jeito de ser é ser imperfeito.

Então o que quero ensinar aqui? Eu não ensino a perfeição, eu ensino a inteireza. Isso é uma coisa totalmente diferente. Seja inteiro. Não se preocupe com a perfeição. Quando eu digo para você ser inteiro, quero dizer seja real, esteja aqui; qualquer coisa que faça, faça-a totalmente. Você será imperfeito, mas a sua imperfeição estará cheia de beleza, estará cheia de totalidade.

Nunca tente ser perfeito, do contrário você ficará muito ansioso. Já são tantos os problemas que existem! Não crie mais problemas para si mesmo.

Eu ouvi:

Aconteceu de Garfinkel estar sujo e preocupado, sentado num trem com um garotinho de três anos no colo. A todo momento ele batia na criança.

"Se o senhor bater nesse menino mais uma vez", disse uma mulher sentada na frente dele, "eu o deixarei numa enrascada tão grande que o senhor nunca mais vai esquecer!"

"Numa enrascada?", disse Garfinkel, "você vai me deixar numa enrascada? Minha senhora, o meu sócio roubou todo o meu dinheiro

Seja inteiro. Não se preocupe com a perfeição. Quando eu digo para você ser inteiro, quero dizer seja real, esteja aqui; qualquer coisa que faça, faça-a totalmente. Você será imperfeito, mas a sua imperfeição estará cheia de beleza, estará cheia de totalidade.

e fugiu com a minha mulher no meu carro. A minha filha está no outro vagão, grávida de seis meses e ainda não tem marido. A minha bagagem foi extraviada, eu estou no trem errado e este pestinha acabou de comer as passagens de trem e vomitá-las bem em cima de mim. E a senhora diz que A SENHORA vai me deixar numa enrascada?"

Agora, como é possível ficar numa enrascada maior? Você não acha que já é o suficiente?

A própria vida já é tão complicada! Então, por favor, seja um pouco mais bondoso consigo mesmo. Não cultive ideais. A vida já cria problemas suficientes, mas esses problemas podem ser resolvidos. Se você está no trem errado, pode mudar de trem; se perdeu as passagens, pode comprar outras; se a sua esposa o abandonou, você pode arranjar outra. Os problemas que a vida nos traz podem ser resolvidos, mas os problemas que o idealismo nos traz nunca podem ser resolvidos — eles são impossíveis.

Alguém está tentando se tornar Jesus — não dá; a coisa não acontece desse jeito, a natureza não permite. Jesus é algo que acontece uma vez só, e só essa vez; a natureza não tolera repetição. Alguém está tentando se tornar Buda — essa pessoa está tentando fazer o impossível. Isso simplesmente não acontece, não pode acontecer; é contra a natureza. Você só pode ser você mesmo. Então seja total! Seja você quem for ou o que esteja fazendo, faça totalmente. Mergulhe nisso, faça disso a sua meditação. Não se preocupe se vai ficar perfeito ou não — não vai ficar perfeito. Se for total já é o suficiente. Se for total, se você gostou de fazer, se sentiu preenchido, mergulhou nisso e ficou totalmente absorvido, então você vai se sentir uma nova pessoa, jovem, vigorosa, rejuvenescida.

Todo ato praticado com totalidade rejuvenesce, e nenhum ato praticado desse modo pode escravizá-lo. Ame totalmente e você não vai sentir apego; ame parcialmente e você sentirá. Viva totalmente e você não terá medo da morte; viva parcialmente e você terá.

Mas esqueça a palavra "perfeição". Essa é uma das palavras mais criminosas que existem. Ela deveria sair do vocabulário de todas as línguas do mundo, deveria ser apagada da mente humana. Ninguém jamais é perfeito e ninguém nunca será. Não dá para ver? Mesmo se Deus estivesse aqui e viesse procurá-lo, você não encontraria falhas na criação dele? Existem tantas! É por isso que ele está escondido. Ele quase tem medo de você. Falhas e mais falhas e mais falhas. Nem dá para contá-las. Você achará infinitas falhas. Na verdade, se tem o costume de procurar falhas, você não achará uma coisa certa — no tempo certo, no lugar certo. Tudo vai parecer uma balbúrdia! Nem Deus é perfeito; Deus é total. Ele gostou de criar, e ainda está gostando. Mas ele não é perfeito. Se fosse perfeito, então a criação não poderia ser imperfeita. Da perfeição só poderia vir perfeição.

Todas as religiões do mundo dizem que Deus é perfeito. Eu não digo isso. Eu digo que Deus é inteiro. Que Deus é sagrado, que Deus é total — mas não perfeito. Embora ele pareça estar tentando... como ele poderia ser perfeito? Se fosse, agora o mundo já estaria acabado. Depois que algo é perfeito, vem a morte, porque não existe futuro, não há para onde ir. As árvores ainda estão crescendo, os bebês ainda estão nascendo — as coisas continuam. E ele continua melhorando. Você não vê essa melhora? Ele continua melhorando tudo. Esse é o significado da evolução: as coisas vão ficando melhores. Os macacos se tornaram seres humanos — isso é uma melhora. Depois o ser humano se tornará divino, será ele próprio um deus — isso é evolução.

Teilhard de Chardin diz que existe um ponto ômega onde tudo se tornará perfeito. Não existe. Não existe nenhum ponto ômega. Não pode existir. O mundo está sempre num processo; a evolução existe; nós estamos cada vez nos aproximando mais, mas nunca chegaremos, porque, depois que chegarmos — acabou. Deus ainda está experimentando maneiras diferentes, aperfeiçoando.

Uma coisa é certa: ele está feliz com o seu trabalho, do contrário teria nos abandonado. Ele ainda está investindo energia nisso. Se Deus está feliz com você, é pura bobagem ficar infeliz consigo mesmo. Fique feliz com você mesmo. Deixe que a felicidade seja o seu valor supremo. Eu sou um hedonista. Sempre lembro que a felicidade é o critério. Qualquer coisa que você faça, seja feliz, é só. Não se preocupe em ser ou não perfeito.

Por que essa obsessão com a perfeição? Você vai ficar tenso, ansioso, nervoso, sempre pouco à vontade, agoniado, em conflito. A palavra "agonia" tem uma raiz que significa: estar em conflito. Ficar o tempo todo brigando consigo mesmo — é isso o que significa agonia. Você ficará em agonia se não estiver à vontade consigo mesmo. Não exija o impossível — seja natural, fique à vontade, seja carinhoso consigo mesmo e com as outras pessoas.

E lembre-se, uma pessoa que não consegue amar a si mesma porque vive se condenando não consegue amar ninguém. O perfeccionista não é perfeccionista só consigo mesmo, ele é com os outros também. Um homem muito duro consigo fatalmente será duro com os outros. As exigências dele são impossíveis.

Na Índia havia Mahatma Gandhi, um perfeccionista, quase um neurótico. E ele era muito duro com os discípulos — nem chá ele permitia. Chá! Porque tinha cafeína. Se encontravam alguém bebendo chá no ashram, isso era um grande pecado. O amor não era permitido. Se alguém se apaixonasse por outra pessoa, isso era considerado um pecado tão grande que parecia que o mundo inteiro ia acabar por causa disso. Ele ficava o tempo todo espionando os discípulos, sempre agachado, olhando pelo buraco da fechadura. Mas ele era assim consigo próprio. Você só pode ser com os outros assim como é consigo mesmo.

Mas esses tipos de pessoa se tornam grandes líderes, porque eles provocam muita culpa nos outros. Quanto mais culpa você provoca nas pessoas mais sucesso você tem como líder. Porque mais e mais pessoas passam a achar que você pode, sim, ajudá-las a ser perfeitas. Elas são imperfeitas, então você pode ajudá-las a serem perfeitas.

Eu não estou aqui para ajudar você a ser perfeito; eu não estou preocupado com esse tipo de bobagem. Eu só estou aqui para ajudá-lo a ser você mesmo. Se você é imperfeito, que ótimo! Se é perfeito, que ótimo também!

> Procure se amar. Não se condene. Depois que a humanidade demonstrar mais aceitação, todas as igrejas vão desaparecer e todos os políticos e padres também.

Não tente se tornar imperfeito — porque até mesmo isso pode ser um ideal! Você pode já ser perfeito — então me ouvir pode deixar você numa grande enrascada! "Este homem está dizendo para ser imperfeito" — não há necessidade. Se você é perfeito, aceite isso também!

Procure se amar. Não se condene. Depois que a humanidade demonstrar mais aceitação, todas as igrejas vão desaparecer e todos os políticos e padres também.

Eu ouvi:

Um homem estava pescando e, uma noite, em volta da fogueira, o seu guia lhe contou sobre a ocasião em que tinha levado um pastor protestante a uma pescaria.

"Era um grande homem, exceto pelos palavrões."

"Ei", disse o pescador, "você está dizendo que o pastor falava bobagens?"

"Ah, falava sim!", protestou o guia. "Uma vez ele pegou um peixão. Quando estava quase conseguindo puxá-lo para dentro do barco, o peixe conseguiu se soltar do anzol. Então eu disse ao pastor, 'Mas que maldito azar!' e ele se voltou para mim e disse, 'Foi mesmo!' Mas essa foi a única vez que eu o vi usando esse tipo de linguagem."

Essa é a cabeça de um perfeccionista. O pastor não estava dizendo nada! Ele disse simplesmente, "Foi mesmo!" Mas isso já é o bastante para um perfeccionista encontrar uma falha.

O perfeccionista é neurótico. E não só é neurótico como também cria tendências neuróticas em torno dele. Então não seja perfeccionista e se houver um perfeccionista perto de você fuja o mais rápido possível antes que essa pessoa polua a sua mente.

Todo perfeccionismo é um tipo de viagem do ego. Só pensar em si mesmo em termos de ideais e perfeição nada mais é do que enfeitar o seu ego num grau extremo. Uma pessoa humilde aceita que a vida não seja perfeita. Uma pessoa humilde, uma pessoa realmente religiosa, aceita que todos tenhamos limitações.

Essa é a minha definição de humildade. Não tentar ser perfeito é ser humilde. E a pessoa humilde torna-se cada vez mais total, porque ela não nega nada, não rejeita nada. Ela aceita tudo o que ela é, seja bom ou ruim. E a pessoa humilde é muito rica porque ela aceita a sua inteireza; a sua raiva, a sua sexualidade, a sua ganância — tudo é aceito. Nessa profunda aceitação, uma grande mudança alquímica acontece. Tudo o que é feio aos poucos vai desaparecendo naturalmente. Ela se torna cada vez mais harmoniosa, mais e mais inteira.

Eu não sou a favor dos santos, mas sou a favor daqueles que são puros. O santo é perfeccionista; a pessoa pura é completamente diferente. Os mestres zen eram puros; os santos católicos são santos. A própria palavra "santo" é feia. Ela deriva de um termo que designa a pessoa que recebeu uma sanção de uma autoridade. Ora, quem pode autorizar alguém a ser santo? Isso é um tipo de graduação, de certificado? Mas a Igreja continua fazendo essa tolice. Ela confere até mesmo graduações póstumas! Um santo pode ter morrido há trezentos anos e então a Igreja revisa as suas idéias. O mundo mudou, e depois de trezentos anos a Igreja confere uma graduação póstuma — uma sanção de que a pessoa é realmente santa, ela não foi compreendida na época. E a Igreja pode ter matado a pessoa! Foi assim que Joana D'Arc se tornou santa; eles a mataram, mas depois mudaram de idéia. As pessoas aos poucos foram se aproximando dela e ficou muito difícil não aceitá-la. Primeiro eles a mataram, depois passaram a reverenciá-la. Depois de centenas de anos, os ossos dela foram encontrados e reverenciados. Ela foi queimada pelas mesmas pessoas, pela mesma Igreja!

Não, a palavra "santo" não é boa. A pessoa pura é assim por causa dela mesma, não porque alguma igreja decidiu reconhecer a sua santidade.

Eu ouvi:

Jacobson, de 90 anos de idade, tinha passado pelo massacre dos judeus, vivido em campos de concentração na Alemanha e passado por dúzias de experiências anti-semitas.

"Ah, Senhor!", rezava ele, sentado na sinagoga. "É verdade que nós somos o povo escolhido?"

E dos céus trovejou uma voz: "Sim, Jacobson, os judeus são o meu povo escolhido!"

"Bem, então", lamentou o pobre homem, "não é hora de o senhor escolher outro povo?"

Os perfeccionistas são o povo escolhido por Deus, lembre-se. Na verdade, no dia em que você entender que está criando o seu próprio sofrimento por causa dos seus ideais, você acaba com todos esses ideais. Então você passa a viver simplesmente a sua realidade, seja qual for. Essa é a grande transformação.

Não tente ser o povo escolhido por Deus, seja só humano.

SÓ A COMPAIXÃO É TERAPÊUTICA

Tudo o que está doente no ser humano está desse jeito por falta de amor. Tudo o que está errado com o homem está de algum modo associado ao amor. Ele não está sendo capaz de amar ou não está sendo capaz de receber amor. Ele não está sendo capaz de compartilhar o seu ser. Essa é a desgraça. Isso cria todo tipo de complexo dentro dele.

Essas feridas podem aflorar de muitas maneiras. Podem se transformar em doenças físicas, podem se transformar em doenças mentais, mas lá no fundo o homem sofre de falta de amor. Assim como a comida é necessária para o corpo, o amor é necessário para a alma. O corpo não pode sobreviver sem comida e a alma não pode sobreviver sem amor. Na realidade, sem amor a alma não nasce — não é nem uma questão de sobrevivência.

Você apenas acredita que tem alma; acredita que tem alma por causa do seu medo da morte. Mas você só passa a saber de verdade se um dia amou. Só amando a pessoa descobre que é mais do que o corpo, é mais do que a mente.

E só a compaixão é terapêutica. O que é compaixão? Compaixão é a forma mais pura de amor. Sexo é a forma mais inferior de amor, compaixão é a forma mais elevada de amor. No sexo, o contato é basicamente físico; na compaixão o contato é basicamente espiritual. No amor, compaixão e sexo se misturam, o físico e o espiritual se misturam. O amor está a meio-caminho entre o sexo e a compaixão.

Você também pode chamar a compaixão de meditação. A forma mais elevada de energia é a compaixão.

A palavra "compaixão" é bela; metade dela é "paixão" — de algum modo a paixão se aprimorou a tal ponto que deixa de ser paixão. Ela se torna compaixão.

No sexo, você usa o outro, você o reduz a um meio de conseguir alguma coisa, você o reduz a um objeto. É por isso que no relacionamento sexual você sente culpa. E essa culpa ainda é mais profunda do que os ensinamentos religiosos. No relacionamento sexual *per se* você sente culpa, e sente culpa porque está reduzindo um ser humano a um objeto, a uma mercadoria para usar e descartar.

É por isso que no sexo você sente também uma espécie de escravidão — você também está sendo reduzido a um objeto. E, se você é um objeto, perde a liberdade, porque a sua liberdade só existe enquanto você é uma pessoa. Quanto mais você é uma pessoa, mais livre você é também; quanto mais você é um objeto, menos livre você é.

A mobília do seu quarto não é livre. Se você deixar o quarto trancado e só voltar depois de muitos anos, ela ficará no mesmo lugar, da mesma maneira; não mudará sozinha de disposição. Ela não tem liberdade. Mas, se você deixar uma pessoa num quarto, quando voltar essa pessoa já não será a mesma — nem no dia seguinte, nem no instante seguinte ela será a mesma. Você não encontrará mais a mesma pessoa. Diz o velho Heráclito, "Você não pode entrar no mesmo rio duas vezes". Você não pode se deparar com a mesma pessoa duas vezes. É impossível encontrar a mesma pessoa duas vezes, porque o ser humano é um rio, ele flui continuamente. Você nunca sabe o que vai acontecer. O futuro fica em aberto.

Para um *objeto*, o futuro não está aberto. A rocha continuará sendo uma rocha para sempre. Ela não tem potencial para o crescimento. Ela não pode mudar, não pode evoluir. O ser humano nunca continua igual — ele pode regredir, pode avançar; pode ir para o inferno ou pode ir para o céu, mas nunca continua igual. Ele nunca pára de se movimentar, de um jeito ou de outro.

Quando você tem uma relação sexual com alguém, você reduz essa pessoa a um objeto. E, ao reduzir o outro, você também se reduz a um objeto, porque se trata de um compromisso mútuo: "Eu deixo que você me reduza a um objeto e você deixa que eu o reduza a um objeto. Eu deixo que você me use e você deixa que eu o use. Um usa o outro. Nós dois nos tornamos objetos".

Observe dois enamorados — enquanto eles ainda não se acomodaram, enquanto o romance ainda está vivo, a lua-de-mel não acabou, você verá duas pessoas vibrantes, prontas para desbravar o desconhecido. Depois observe um casal casado, marido e mulher, e você verá duas coisas mortas, duas sepulturas lado a lado — um ajudando o outro a continuar morto, um forçando o outro a continuar morto. Esse é o conflito constante do casamento. Ninguém quer ser reduzido a um objeto!

O sexo é a forma mais inferior dessa energia "X". Se você é religioso, pode chamá-la de "divindade"; se é científico, chame-a de "X". Essa energia X pode se tornar amor. Quando ela se torna amor, então você começa a respeitar a outra pessoa. Sim, às vezes você a usa, mas se sente grato. Você nunca diz obrigado a um objeto. Quando está apaixonado por uma mulher e faz amor com ela, você fica agradecido. Alguma vez você já disse obrigado quando fez amor com a sua esposa? Não, você não dá valor. A sua esposa alguma vez já lhe disse obrigada? Talvez, muitos anos atrás, você se lembre de uma época em que vocês apenas flertavam, tentavam seduzir um ao outro — talvez. Mas, depois que vocês se acostumaram um com o outro, ela por acaso se lembrou de agradecer alguma coisa? Você já fez tantas coisas por ela, ela já fez tantas coisas por você. Ambos vivem um para o outro — mas não existe mais gratidão.

No amor, existe gratidão, existe uma profunda gratidão. Você sabe que o outro não é um objeto. Sabe que o outro tem uma grandeza, uma alma, uma individualidade. No amor você dá liberdade total ao outro. Claro, você dá e espera receber o mesmo; é um relacionamento do tipo toma-lá-dá-cá — mas com respeito. No sexo, trata-se de um relacionamento do tipo toma-lá-dá-cá sem respeito.

Na compaixão, você simplesmente dá. Nem passa pela sua cabeça receber algo em troca — você simplesmente compartilha. Não que não acabe recebendo algo! Você recebe mil vezes mais, mas isso é apenas uma contingência, uma conseqüência natural. Não existe nenhuma expectativa.

No amor, se você dá algo, lá no fundo espera alguma coisa em troca. Se não recebe nada, você começa a reclamar. Você pode até não dizer nada, mas dá a entender de mil maneiras diferentes que está insatisfeito, que está se sentindo enganado. O amor parece uma barganha sutil.

Na compaixão, você simplesmente dá. No amor, você se sente grato porque o outro dá algo a você. Na compaixão, você se sente grato porque o outro recebe algo de você; sente gratidão porque o outro não o rejeitou. Você chegou com energia para dar, chegou com muitas flores para compartilhar, e o outro lhe deu passagem, foi receptivo. Você se sente grato porque o outro foi receptivo.

Na compaixão, você simplesmente dá. Nem passa pela sua cabeça receber algo em troca — você simplesmente compartilha.

A compaixão é a forma mais elevada de amor. Você recebe muito mais em troca — mil vezes mais, digo eu —, mas isso não é o importante, você não anseia por isso. Se não receber nada em troca você não reclama. Se receber, você fica simplesmente surpreso! Se receber, é inacreditável. Se não receber, não há problema — você nunca deu o coração a ninguém pensando em receber algo em troca. Você simplesmente distribui em abundância porque tem o que distribuir. Você tem tanto que, se não distribuir a todos, acabará se sentindo sobrecarregado. Assim como a nuvem carregada de chuva tem de chover. E da próxima vez que vir uma nuvem chovendo, observe silenciosamente, e você sempre ouvirá — depois que a nuvem chover e a terra tiver absorvido toda a chuva, você sempre ouvirá a nuvem dizendo para a terra, "Obrigada". A terra ajudou a nuvem a ficar mais leve.

Quando uma flor desabrocha, ela tem de espalhar o seu perfume no ar. É natural! Não é uma troca, não é um negócio — é simplesmente natural! A flor está cheia de perfume — o que fazer? Se a flor guardar o perfume só para si ela se sentirá muito, mas muito tensa, numa profunda angústia. A maior angústia da vida é não poder expressar, é não poder comunicar, é não poder compartilhar. A pessoa mais pobre do mundo é aquela que não tem nada para compartilhar, ou que tem algo a compartilhar mas que perdeu a capacidade, a arte, de compartilhá-la — essa pessoa é pobre.

O homem sexual é muito pobre. O homem amoroso, em comparação, é mais rico. O homem de compaixão é o mais rico de todos — ele está no topo do mundo. Ele não tem nada que o confine, não tem limitação. Ele simplesmente dá e continua o seu caminho. Ele nem espera você dizer obrigado. Com um amor incomensurável, ele compartilha a sua energia.

Isso é o que eu chamo de terapêutico.

Os cristãos acreditam que Jesus fez muitos milagres. Eu não o vejo fazendo milagres. O milagre era a sua compaixão. Se algo aconteceu, aconteceu sem que ele fizesse nada. Se algo acontece no plano mais elevado do ser, isso sempre acontece sem nenhum esforço. Ele andou daqui e dali; muitos tipos de pessoa o procuraram. Ele estava ali como um imenso reservatório de energia — qualquer um que estivesse pronto para compartilhar, compartilhava.

Milagres aconteceram! Jesus era terapêutico. Ele foi um dos maiores curadores que o mundo já conheceu. Buda, Mahavira ou Krishna — eles foram grandes curadores em diferentes níveis. É verdade, você não encontrará na vida de Buda um episódio em que ele curou milagrosamente uma pessoa doente, devolveu a visão a um cego ou ressuscitou alguém. Você vai ficar surpreso: "Então a compaixão de Jesus era maior do que a de Buda? Como assim? Por que a energia de Buda não curou tantas pessoas?" Não, não é uma questão de ser mais ou ser menos. A compaixão de Buda funcionava num nível diferente. Ele tinha um tipo de platéia diferente de Jesus, e um tipo diferente de pessoa à volta dele.

Sempre acontece — quase sempre —, eu continuo vendo isso à medida que uma sucessão de pessoas do Ocidente me procura. Elas nunca perguntam nada sobre o corpo delas. Não chegam para mim e dizem, "Eu tenho uma dor de cabeça constante, Osho, ajude-me, faça alguma coisa!" Ou, "A minha vista está fraca" ou "Tenho dificuldade para me concentrar" ou "Minha memória está falhando" — não, nunca. Mas os indianos sempre que me procuram mencionam algo do físico. Se eles têm problemas digestivos há muitos anos, dizem, "Osho, faça alguma coisa!"

Eu sempre me pergunto, "Por quê? O que aconteceu à Índia? Por que essas pessoas só me procuram por causa de problemas físicos, corporais?" Elas só têm esse tipo de problema.

Um país pobre, muito pobre, não tem problemas espirituais. Um país rico tem problemas espirituais; um país pobre tem problemas físicos.

No tempo de Buda, a Índia passava por uma era de ouro. Foi a época em que a Índia estava em seu apogeu. O país era rico, tremendamente rico, afluente. O resto do mundo era pobre e a Índia era muito rica. As pessoas que procuravam Buda tinham problemas espirituais. Sim, elas também tinham feridas, mas eram feridas espirituais.

Jesus viveu num país muito pobre. As pessoas que o procuravam não tinham problemas espirituais; porque para ter problemas espirituais é preciso ter um certo padrão de vida. Do contrário, os problemas dizem respeito aos níveis mais inferiores. O pobre tem tipos diferentes de problema.

Um parente meu ficou aqui durante um mês — ele ficou meditando, fazendo uma coisa ou outra e, no último dia da visita, eu estava esperando que ele me perguntasse algo importante. O que ele perguntou? Disse que o filho não estava bem financeiramente. Depois de passar um mês aqui, ficar me ouvindo durante um mês, essa era a única pergunta que lhe ocorria; o filho não estava ganhando bem. Ele dirige um táxi, e o carro que compraram era tão velho que todo dia quebrava uma peça — ele me pediu, "Osho, faça alguma coisa!"

Eu não sou mecânico! Então disse a ele, "Venda o carro e compre outro". Ele disse, "Mas ninguém vai comprá-lo! Então, por favor, faça alguma coisa!"

Quando as pessoas são pobres, os problemas delas são mundanos. Quando são ricas, seus problemas são de caráter superior. Só um país afluente pode ser realmente espiritual; um país pobre não pode.

Eu não estou dizendo que um indivíduo pobre não possa ser — sim, uma pessoa pobre pode ser de fato espiritualizada

— exceções acontecem —, mas um país pobre não pode. O país pobre, no geral, pensa em termos de dinheiro, remédio, moradia, carro, isto e aquilo. E é natural que seja assim, é lógico!

Jesus vivia num mundo muito pobre. As pessoas estavam em busca das suas próprias soluções. Muitos foram ajudados — não que Jesus estivesse ali para ajudar, mas elas eram ajudadas. E Jesus disse mais de uma vez: "Foi a sua fé que o curou". Quando você tem fé, a compaixão pode se derramar sobre você. Quando tem fé, você está aberto à compaixão. Buda fez milagres, mas esses milagres pertenciam ao invisível. Mahavira fez milagres, mas esses milagres também pertenciam ao invisível. Não se podia vê-los — eles só eram visíveis aos olhos das pessoas com as quais eles aconteciam.

Mas a compaixão é sempre terapêutica; seja em que nível você estiver, ela sempre o ajuda. A compaixão é o amor purificado — tanto é que você dá e não pede nada em troca.

Buda costumava dizer aos discípulos, "Depois de cada meditação, tenha compaixão — imediatamente —, porque, ao meditar, o amor aumenta, o coração fica pleno. Depois de cada meditação, tenha compaixão pelo mundo inteiro, de modo a compartilhar o seu amor e irradiar essa energia na atmosfera, para que ela possa ser usada pelos outros".

Eu gostaria de dizer isto a você: Depois de cada meditação, quando estiver celebrando, tenha compaixão. Sinta apenas que a sua energia tem de chegar até as pessoas e ajudá-las da maneira que elas mais precisarem. Apenas libere essa energia! Você se sentirá aliviado, extremamente relaxado, muito calmo e silencioso, e as vibrações que você irradiou ajudarão a muitos. Termine as suas meditações sempre com compaixão.

E a compaixão é incondicional. Você não pode sentir compaixão apenas pelas pessoas que se dão bem com você, só por aquelas com quem você tem uma relação.

Aconteceu na China: quando Bodhidharma foi à China, um homem o procurou e disse: "Eu tenho seguido os seus ensinamentos: eu medito e depois sinto compaixão por todo o universo — não só pelo ser humano, mas pelos animais, pelas rochas e pelos rios também. Mas há um problema: não consigo sentir compaixão pelo meu vizinho. Não — é impossível! Então, por favor me diga: posso excluir o meu vizinho da minha compaixão? Eu incluo toda a existência, conhecida e desconhecida, mas posso excluir o meu vizinho? — porque é difícil demais, impossível! Não consigo sentir compaixão por ele".

Bodhidharma respondeu, "Então esqueça a meditação, porque, se a meditação exclui alguém, ela deixa de ser meditação".

A compaixão é todo-abrangente — intrinsecamente todo-abrangente. Portanto, se você não consegue sentir compaixão pelo seu vizinho, esqueça tudo sobre a meditação — porque ela não tem nada a ver com alguém em particular. Ela tem a ver com o seu estado interior. *Seja* a compaixão — incondicionalmente, sem endereçá-la a ninguém, sem dirigi-la a ninguém. Então você se tornará uma força de cura neste mundo de sofrimento.

Jesus diz, "Ama o próximo como a ti mesmo" — constantemente. E ele também diz: "Ama o teu inimigo como a ti mesmo". Se você analisar essas duas sentenças, verá que o próximo e o inimigo são quase sempre a mesma pessoa! "Ama o próximo como a ti mesmo" e "Ama o teu inimigo como a ti mesmo".

O que ele quer dizer com isso?

> Seja a compaixão — incondicionalmente, sem endereçá-la a ninguém, sem dirigi-la a ninguém. Então você se tornará uma força de cura neste mundo de sofrimento.

Ele quer dizer simplesmente: não crie barreiras para a sua compaixão, para o seu amor. Assim como ama a si mesmo, ame toda a existência — porque, em última análise, toda a existência é você, refletido em muitos espelhos. Ela é você — não está separada de você. O seu vizinho é só uma forma de você mesmo; o seu inimigo é só uma forma de você mesmo. Com quem for que você se depare, você está se deparando consigo mesmo. Você pode não reconhecer esse fato, porque não está alerta; pode não ser capaz de se ver no outro, mas isso indica que há algo errado com a sua visão, algo errado com os seus olhos.

A compaixão é terapêutica. E para ser compassiva a pessoa tem de ter, primeiro, compaixão por si mesma. Se não amar a si mesmo, você nunca será capaz de amar ninguém. Se não for bondoso consigo mesmo não conseguirá ser bondoso com mais ninguém. Os seus pretensos santos, tão severos com eles mesmos, estão apenas fingindo que são bondosos com os outros. Isso não é possível; é psicologicamente impossível. Se não consegue ser bondoso consigo mesmo, como pode ser bondoso com os outros?

Seja como for que você se trate, é assim que você trata os outros. Que esse seja para você um fundamento básico. Se você se odeia, odiará os outros — e você tem sido ensinado a se odiar. Ninguém jamais lhe disse, "Ame-se!" a própria idéia parece absurda — amar a mim mesmo? A própria idéia parece que não faz sentido — amar-me? Sempre achamos que, para amar, precisamos de outra pessoa. Mas, se você não aprender isso consigo mesmo, não vai conseguir praticar com os outros.

Disseram a você, condicionaram você o tempo todo, que você não vale nada. Todo mundo tem mostrado a você, tem lhe dito, que você é desprezível, que não é o que deveria ser, que não é aceito do jeito que é. Existem vários "deverias" pendendo sobre a sua cabeça — e esses "deverias" são todos quase impossíveis de satisfazer. E, quando você não consegue satisfazer essas exigências, quando não alcança o alvo, você se condena. Um ódio profundo por si mesmo brota dentro de você.

Como você pode amar as outras pessoas? Tão cheio de ódio, onde você vai achar amor? Então você apenas finge, apenas demonstra que ama. Lá no fundo, você não ama ninguém — não pode amar. Essa encenação funciona durante alguns dias, mas aos poucos ela vai perdendo a força e a realidade aparece.

Todo caso de amor está falido. Mais cedo ou mais tarde, todo caso de amor acaba envenenado. Como ele fica envenenado? As duas pessoas fingem que se amam, ambas continuam dizendo que amam. O pai diz que ama o filho; o filho diz que ama o pai. A mãe diz que ama a filha e a filha vive dizendo a mesma coisa. Os irmãos dizem que se amam. Todo mundo fala de amor, canta o amor — e você já viu lugar onde falte tanto amor? Aqui não existe nem uma gota de amor — só montanhas de conversa fiada, Himalaias de poesias sobre o amor.

Parece que todas essas poesias são só compensações. Como não conseguimos amar, temos de acreditar de algum modo — cantando, fazendo poesia — que amamos. O que falta na vida nós colocamos na poesia. O que continua nos faltando na vida, nós colocamos nos filmes, nas novelas. O amor está absolutamente ausente, porque o primeiro passo ainda não foi dado.

O primeiro passo é aceitar você mesmo como é; jogue fora todos os "deverias". Não carregue nenhum "eu tenho que" no coração! Você não precisa ser mais ninguém; você não tem obrigação nenhuma de fazer nada que não pertença a você — você só precisa ser você mesmo. Relaxe e seja apenas você mesmo. Tenha respeito pela sua individualidade e tenha coragem de assinar a sua própria assinatura. Não continue a copiar outras assinaturas.

Ninguém espera que você se torne alguém como Jesus ou como Buda ou como Ramakrishna — espera-se apenas que você se torne você mesmo. É muito bom que Ramakrishna nunca tenha tentado ser outra pessoa, pois ele se tornou Ramakrishna! É bom que Jesus nunca tenha tentado ser como Abraão ou Moisés, pois ele se tornou Jesus! É bom que Buda nunca tenha tentado se tornar um Patanjali ou Krishna — foi por isso que ele se tornou Buda!

Quando você não está tentando se tornar outra pessoa, você simplesmente relaxa — então surge a graça. Você se enche de grandeza, de esplendor, de harmonia, porque deixa de haver conflito, um lugar para ir, algo pelo que brigar; nada para ser forçado sobre você violentamente. Você se torna inocente. Nessa inocência você sentirá compaixão e amor por si mesmo. Ficará tão feliz consigo mesmo que, mesmo se Deus chegar, bater na sua porta e disser, "Você gostaria de se tornar outra pessoa?", você dirá, "Está ficando louco?! Eu sou perfeito! Muito obrigado, mas nunca tente fazer nada parecido com isso — eu sou perfeito como sou".

No momento em que você disser para a existência, "Eu sou perfeito como sou, eu sou feliz como sou", isso é o que no Oriente nós chamamos de *shraddha*, confiança. Aí você se aceita e, aceitando a si mesmo, você aceita a existência.

Ao negar a si mesmo, você nega a existência que criou você. No momento em que diz, "Eu deveria ser assim", você está tentando aperfeiçoar a existência. Você está dizendo, "Você fez uma bela de uma asneira! Eu deveria ser assim e você me fez assado?!" Você está tentando melhorar a existência. Isso não é possível. A sua luta é inútil — você está fadado ao fracasso.

E quanto você mais fracassa, mais ódio tem. Quanto mais fracassa, mais se condena. Quanto mais fracassa, mais se sente impotente. E com todo esse ódio, com toda essa impotência, como a compaixão pode brotar? A compaixão só brota quando você está perfeitamente ancorado em seu ser. Você diz, "Sim, é deste jeito que eu sou". Você não tem ideais a alcançar. E imediatamente a plenitude começa a acontecer!

As rosas desabrocham com tanta beleza porque elas não estão tentando se tornar flores de lótus. E as flores de lótus desabrocham com tanta beleza porque não ouviram nenhuma lenda sobre outras flores. Tudo na natureza vive lindamente, porque ninguém está tentando competir com ninguém, ninguém está tentando se tornar outra coisa. Tudo é do jeito que é.

A compaixão só brota quando você está perfeitamente ancorado em seu ser. Você diz, "Sim, é deste jeito que eu sou". Você não tem ideais a alcançar.

Simplesmente vá ao que interessa! Seja apenas você mesmo e lembre-se de que, seja quem for, você não pode ser mais ninguém. Todo esforço é inútil. Você tem de ser apenas você mesmo.

Existem apenas dois caminhos. Um é se rejeitar, o que faz com que você continue igual; quando se condena, você continua sendo o que sempre foi. O outro é se aceitar, desfrutar, deliciar-se e continuar sendo o que é. A sua atitude pode ser diferente, mas você vai continuar do jeito que é, a pessoa que é. Depois que se aceitar, surge a compaixão. E depois você começa a aceitar os outros!

Você já percebeu? É muito difícil viver com um santo, muito difícil mesmo! Você consegue viver com um pecador, não consegue viver com um santo — porque o santo condena você o tempo todo: com gestos, com os olhos, com a maneira de olhar, com o jeito como ele fala com você. O santo nunca fala *com* você. Ele fala *para* você. Ele nunca olha simplesmente para você; ele sempre tem ideais nos olhos, toldando a visão. Ele nunca vê *você*. Ele tem algo muito além na cabeça, e nunca pára de comparar você com isso — e, evidentemente, você sempre leva a pior. O próprio olhar dele faz de você um pecador! É muito difícil viver com um santo — porque ele mesmo não se aceita, como pode aceitar você? Ele tem muitas coisas dentro dele, notas destoantes que, na visão dele, ele tem de superar. Claro que ele vê as mesmas coisas em você, mas ampliadas.

Mas, para mim, só é santa a pessoa que aceita a si mesma, e que nessa aceitação tenha aceitado o mundo inteiro. Para mim, esse estado de espírito é o que significa santidade: o estado de total aceitação. E isso é benéfico, é terapêutico. Apenas ficar com alguém que aceita você completamente já é terapêutico. Você será curado.

Portanto, siga bem devagar, alerta, com atenção e amor no coração. Se você gosta de sexo, eu não direi para você abandonar o sexo; eu direi para fazer sexo de modo mais alerta, com mais devoção, mais profundidade, de maneira que ele possa se transformar em amor. Se você é amoroso, então faça amor com mais gratidão; sinta uma gratidão mais profunda, mais alegria, celebração, meditação, de modo que ele possa se tornar compaixão.

A menos que a compaixão tenha acontecido a você, não pense que você viveu da maneira certa ou que simplesmente viveu. A compaixão é o florescimento. E quando a compaixão acontece a uma pessoa, milhões são curados. Qualquer um que esteja à volta dela é curado.

A compaixão é terapêutica.

INCONDICIONALMENTE LIVRE DE JUÍZO DE VALOR: A COMPAIXÃO DO ZEN

Uma noite, enquanto Shichiri Kojun recitava os sutras, um ladrão irrompeu com uma espada afiada, exigindo seu dinheiro ou a vida.

Shichiri disse a ele, "Não me interrompa. O dinheiro está naquela gaveta". Então continuou recitando os sutras.

Um instante depois ele parou e chamou o ladrão, "Não pegue tudo. Tenho uns impostos para pagar amanhã".

O intruso pegou a maior parte do dinheiro e se preparou para fugir. "Agradeça quando recebe um presente", acrescentou Shichiri. O homem agradeceu e partiu.

Alguns dias depois o sujeito foi pego e confessou, entre outras coisas, ter roubado Shichiri. Quando este foi chamado para servir de testemunha, ele disse, "Este homem não é ladrão, pelo menos no que se refere a mim. Eu dei a ele o dinheiro e ele me agradeceu".

Depois de cumprir a sua sentença na prisão, o homem procurou Shichiri e se tornou seu discípulo.

Jesus diz, "Não julgueis". Isso é puro Zen; ele devia ter parado aí. Mas talvez porque estivesse falando para os judeus e tivesse de falar à moda judaica, ele acrescentou: "...para não serdes julgados". Aí deixou de ser Zen. Passou a ser uma barganha. Esse acréscimo destruiu a própria essência da frase, a sua própria profundidade.

"Não julgueis" é suficiente; não é preciso acrescentar nada além disso. "Não julgueis" significa não cultive o hábito de julgar. Olhe para a vida sem avaliá-la. Não avalie nada — não diga "isto é bom" e "isto é ruim". Não seja moralista — não considere uma coisa divina e outra coisa maligna. "Não julgueis" é uma grande afirmação de que não existe nem Deus nem o Diabo.

Se Jesus tivesse parado por aí, nessa frasezinha — só duas palavras, "Não julgueis" —, teria transformado todo o caráter do Cristianismo. Mas ele acrescentou algo e o destruiu. Ele disse "...para não serdes julgados". Passou a ser condicional. Não é mais "sem julgamento", é uma simples barganha — "...para não serdes julgados". É mais como um negócio.

Por causa do medo — para não ser julgado —, eu não julgo. Mas como você pode deixar de lado o julgamento por causa do medo, da ganância? Para não ser julgado, não julgue — mas a ganância e o medo não podem fazer de você uma pessoa sem juízos de valor. Isso é egocentrismo — "Não julgueis para não serdes julgados". É egoísta. Toda a beleza da frase foi destruída. A qualidade zen se perdeu, ela passou a ser uma frase comum. Passou a ser um bom conselho. Não há nenhum tipo de revolução nela; trata-se de um conselho paternal. Um conselho muito bom, mas nada radical. A segunda parte da sentença é uma crucificação da afirmação radical.

O Zen pára aí: não julgueis. Porque o Zen diz que tudo é como é — nada é bom, nada é ruim. As coisas são do jeito que são. Uma árvore é alta e outra é baixa. Uma pessoa é moralista e a outra não é. Uma pessoa está rezando e outra foi roubar. É assim que as coisas são. Mas veja o tom revolucionário que isso tem! Fará com que você fique com medo, assustará você. É por isso que o Zen não tem mandamentos. Ele não diz, "Faça isto ou não faça aquilo", não tem uma lista do que você deve ou não deve fazer. Ele não criou essa prisão dos "tem que".

O Zen não é perfeccionista. E agora a psicanálise sabe muito bem que o perfeccionismo é um tipo de neurose. O Zen é a única religião que não é neurótica. Ele aceita. A sua aceitação é tão total, tão completamente total, que nem mesmo um ladrão é chamado de ladrão, nem um assassino é chamado de assassino. Tente ver a pureza do espírito do Zen — tente ver a transcendência suprema. Tudo é como é.

O Zen é incondicionalmente livre de juízo de valor. Se impõe uma condição, você deixa de fazer o mais importante. O Zen não tem medo nem tem ganância. Não tem Deus nem Diabo, nem céu nem inferno. Ele não enche as pessoas de cobiça seduzindo-as, prometendo recompensas no céu. E não deixa as pessoas amedrontadas, apavoradas, criando conceitos tenebrosos de inferno.

Ele não suborna você com recompensas e não o castiga com torturas. Ele lhe dá simplesmente uma percepção aguda para investigar as coisas — e essa percepção liberta você. Essa percepção não se baseia na ganância nem no medo. É por isso que se usa o termo temente a Deus para designar a pessoa religiosa. A pessoa religiosa é temente a Deus.

Mas como o medo pode ser religioso? É impossível! O medo nunca pode ser religioso — só o destemor pode ser. Mas, se você tem a idéia do bem e do mal, nunca terá destemor. As suas idéias do bem e do mal fazem com que as pessoas sintam culpa, sintam-se mutiladas, paralisadas. Como você pode ajudar as pessoas a se libertar do medo? Impossível! Você cria *mais* medo.

Normalmente, o homem que não é religioso tem menos medo, tem uma quantidade de medo menor em seu ser do que o supostamente religioso. Este último vive tremendo por dentro, constantemente preocupado se ele vai conseguir ou não. E se ele for para o inferno? Ou será que ele será capaz de fazer o impossível e entrar no paraíso?

Até mesmo quando Jesus estava se despedindo pela última vez dos seus amigos e discípulos, eles estavam mais preocupados com o lugar que lhes estaria reservado no céu. Eles se encontrariam no céu? E qual seria o lugar deles? Quem seria o quê? É claro que eles concordavam que Jesus estaria à direita de Deus, mas quem estaria próximo a ele? A preocupação dos discípulos vinha da sua ganância e do medo que sentiam. Eles não estavam muito preocupados com o fato de que Jesus seria crucificado no dia seguinte, estavam muito mais preocupados com os seus próprios interesses.

Todas as outras religiões se baseiam num medo e numa ganância muito comuns. A mesma ganância que você tem por dinheiro um dia se transforma na ganância por Deus. Deus passa a ser o seu dinheiro; agora o dinheiro é o seu Deus — essa é a única diferença. Depois Deus passa a ser o seu dinheiro. Agora você tem medo do governo, da polícia, disto e daquilo — depois você começará a ter medo do inferno, do supremo tribunal, do supremo tribunal de Deus, do dia do juízo final.

Os chamados santos cristãos, até nos últimos momentos de vida, estavam sempre tremendo, mortos de medo — será que iam conseguir ou não?

O Zen é incondicionalmente livre de juízo de valor. Deixe que isso cale bem fundo em você, pois essa é também a minha opinião. Eu quero que você entenda, só isso. O entendimento basta. Deixe que ele seja a sua única lei; não existe outra. Não seja impulsionado pelo medo, senão você acabará mergulhando na escuridão. E não seja impulsionado pela ganância — porque a ganância nada mais é do que o medo invertido. Eles são dois aspectos da mesma coisa; de um lado está a ganância, do outro está o medo. O homem que tem medo é sempre ganancioso, o homem ganancioso sempre tem medo. Eles seguem juntos, eles andam juntos.

Só entendimento, só percepção, só a capacidade de ver as coisas como elas são... Você não consegue aceitar a existência como ela é? E, não aceitando, nada muda. O que tem mudado? Durante milhares de anos rejeitamos muitas coisas — mas elas continuam lá, mais ainda até. Os ladrões não deixaram de existir. Nem os assassinos. Nada mudou; as coisas são exatamente como sempre foram. As prisões continuam a aumentar. As leis continuam a aumentar e a ficar cada vez mais complicadas. E como as leis estão mais complicadas, mais e mais ladrões são empregados — os advogados, os juízes... — isso não mudou em lugar nenhum. Todo o sistema carcerário não trouxe bem nenhum — na verdade, ele é extremamente prejudicial. O sistema carcerário se tornou a própria universidade do crime — para aprender o crime, aprender o crime com mestres.

Depois que um homem vai para a prisão, ele passa a ser um freqüentador assíduo. Depois que ele fica na prisão, acaba voltando várias e várias vezes. É muito raro encontrar um homem que tenha ido para a prisão e não tenha voltado mais. Ele sai da prisão muito mais habilidoso. Ele sai de lá com mais idéias — sabe como fazer a mesma coisa, agora de um jeito mais profissional. Ele sai da prisão menos amador. Sai da prisão com um diploma; a saída da prisão é um tipo de graduação no crime. Agora ele sabe mais, sabe como fazer melhor. Agora ele sabe como não ser pego novamente. Conhece as falhas do sistema legal.

E aqueles que executam a lei são tão criminosos quanto qualquer um — na verdade, eles têm de ser *mais* criminosos. Têm de lidar com criminosos, por isso têm de ser mais criminosos ainda. A polícia, os guardas da prisão e os carcereiros são mais criminosos que as pessoas que eles mantêm na prisão — eles têm de ser.

Nada muda. Não é assim que se mudam as coisas; já está provado que isso é um retumbante fracasso.

O Zen diz que a mudança acontece por meio do entendimento, não por meio da força.

E o que é o seu céu e o seu inferno? Eles não passam da mesma idéia, transportada para além da vida. A mesma idéia da prisão passa a ser a idéia de inferno. E a mesma idéia de recompensa — recompensas governamentais, recompensas presidenciais, medalhas de ouro, isto e aquilo —, essa mesma idéia é transportada como céu, como paraíso, como *firdaus*. Mas a psicologia é a mesma.

O Zen destrói essa psicologia desde a própria raiz. Ele não tem nenhum tipo de condenação. Só tem entendimento: ele diz para tentarmos entender as coisas como elas são. Tente entender o homem como ele é — não imponha um ideal, não diga como ele deveria ser.

No momento em que você diz como um homem deveria ser, você fica cego para a realidade do que ele é. O "deveria" passa a ser uma barreira. Você não consegue mais ver o real, não consegue ver aquilo que existe — o seu "deveria" fica pesado demais. Você tem um ideal, um ideal de perfeição, e toda pessoa está abaixo dele, naturalmente. Então todo mundo é condenado.

E aquelas pessoas egoístas que de algum modo conseguem se forçar a atingir esses ideais — pelo menos superficialmente, pelo menos externamente — tornaram-se grandes santos. Elas não passam de grandes egoístas. E se você olhar nos olhos delas, só verá uma coisa: "Sou mais puro que você". Elas são os escolhidos, são o povo escolhido por Deus e estão aqui para condenar você e transformá-lo.

O Zen não está interessado na transformação de ninguém. E ele transforma — esse é o paradoxo. Ele não está interessado no modo como você deveria ser, só está interessado no modo como você é. Em ver isso, ver isso com olhos cheios de amor. Tente entender o que existe e desse entendimento virá a transformação. A transformação é natural — você não tem de fazê-la, ela simplesmente acontece naturalmente.

O Zen transforma, mas ele não fala sobre transformação. Ele muda, mas não está preocupado com a mudança. Ele traz mais beatitude ao ser humano do que qualquer outra coisa, mas não está nem um pouco preocupado com isso. Ela vem como uma graça, um presente. Ela acompanha o entendimento. Essa é a beleza do Zen, ele está incondicionalmente livre de juízo de valor. A atribuição de valor é a doença da mente — é isso o que diz o Zen. Nada é bom ou ruim, as coisas são o que são. Tudo é como é.

No Zen, uma dimensão totalmente nova se abre, a dimensão da transformação sem esforço. A dimensão da transformação que acontece naturalmente com uma visão mais clara, com clareza. Você vê a natureza das coisas de modo mais direto, sem a barreira dos preconceitos.

No momento em que você diz que um homem é bom, você pára de olhar para ele. Você já o rotulou; já o classificou, já o categorizou. Depois que você diz "Este homem é ruim", como pode olhar nos olhos dele outra vez? Você já decidiu de antemão, já deu seu veredicto. Essa pessoa deixa de ser um mistério. Você solucionou o mistério; já escreveu "isto é ruim" e "isto é bom".

O Zen transforma, mas ele não fala sobre transformação. Ele muda, mas não está preocupado com a mudança. Ele traz mais beatitude ao ser humano do que qualquer outra coisa, mas não está nem um pouco preocupado com isso.

Agora você lidará com esses rótulos e não com realidades.

O homem bom pode se tornar ruim, o homem ruim pode se tornar bom. Isso acontece a toda hora — de manhã o homem é bom, à tarde ele é ruim e à noite ele é bom outra vez. Mas agora você vai agir de acordo com os rótulos. Você não estará mais falando com o próprio homem, você estará falando com um rótulo, com a sua própria imagem.

É claro, você continua não vendo a realidade, as pessoas de verdade. E isso cria milhares de complicações e problemas. Problemas insolúveis. Você está mesmo falando com a sua esposa? Quando vai para a cama com ela, você está indo mesmo com ela ou com uma certa imagem? É isso o que eu sinto — que sempre que duas pessoas se encontram, existe ali uma multidão, não duas pessoas. Pelo menos quatro pessoas certamente estão ali. A sua imagem do outro e a imagem que o outro faz de você, essas duas imagens estão ali. E elas nunca combinam — a pessoa de verdade nunca pára de mudar, a pessoa de verdade é um fluxo. Ela é um rio que está sempre mudando de cor. A pessoa de verdade está viva! Só porque você rotulou uma pessoa isso não significa que ela está morta — ela ainda está viva!

Uma vez alguém perguntou a Chuang Tzu, "O seu trabalho acabou?" Ele disse, "Como pode ter acabado? — eu ainda estou vivo!"

Veja, ele disse: "Como pode ter acabado? — eu ainda estou vivo! Ele só pode acabar no dia em que eu morrer. Eu ainda estou fluindo, as coisas ainda estão acontecendo".

Se uma árvore está viva, as flores continuarão brotando, as folhas continuarão crescendo, os pássaros virão e farão os seus ninhos nela, novos viajantes virão e passarão a noite embaixo dela... as coisas continuarão mudando. Enquanto você está vivo, tudo é possível. Mas no momento em que você rotula uma pessoa como alguém bom, ruim, moral, imoral, religioso, não-religioso, teísta, ateísta, isto e aquilo, você está pensando como se essa pessoa estivesse morta. Você pode rotular uma pessoa quando ela estiver na sepultura, não antes disso. Você pode ir até a sepultura e escrever, "Esta pessoa é isto". Agora ela não pode mais contradizer você; agora as coisas acabaram, chegaram a um ponto final. O rio não está mais fluindo.

Mas enquanto alguém está vivo... e nós continuamos a rotular — até as crianças, as crianças pequenas. Dizemos, "Esta criança é obediente, aquela é desobediente. Esta criança é um primor, aquela é um problemão". Você rotula — e lembre-se, quando rotula, você cria vários problemas. Primeiro, se você rotula alguém, você reforça nela o comportamento pelo qual você a rotulou — porque ela começa a achar que tem agora a obrigação de provar que você está certo. Se o pai diz, "O meu filho é um problema", a criança vai achar, "Eu tenho de provar que sou um problema, do contrário estarei provando que o meu pai está errado". Esse raciocínio é uma coisa muito inconsciente — como uma criança vai acreditar que o pai está errado? Então ela cria mais problemas e o pai diz, "Está vendo? Essa criança é um problema".

Três mulheres estavam conversando e, como as mulheres sempre fazem, estavam se gabando dos filhos. Uma disse, "O meu filho só tem 5 anos de idade, mas já faz poesia. E as poesias dele são tão bonitas que até poetas experientes ficariam envergonhados!"

A segunda disse, "Isso não é nada. O meu filho tem só 4 anos e

Enquanto você está vivo, tudo é possível. Mas no momento em que você rotula uma pessoa como alguém bom, ruim, moral, imoral, religioso, não-religioso, teísta, ateísta, isto e aquilo, você está pensando como se essa pessoa estivesse morta. Você pode rotular uma pessoa quando ela estiver na sepultura, não antes disso.

já sabe pintar — pinturas modernas, ultramodernas, nem Picasso chega aos pés dele, isso é o que é. E ele não usa pincel, usa só as mãos. Às vezes ele simplesmente joga a tinta na tela e surge uma coisa linda, quase do nada. O meu filho é um impressionista, um pintor muito original!"

A terceira mulher disse, "Isso não é nada. O meu filho só tem 3 anos e vai sozinho ao psicanalista".

Se você rotula, acaba deixando a criança louca. Você a destrói. Todos os rótulos são destrutivos. Nunca rotule uma pessoa de pecadora ou de santa. Quando muitas pessoas rotulam alguém dessa maneira... e as pessoas tendem a pensar coletivamente; elas não têm idéias individuais, originais. Você ouve dizer que uma pessoa é pecadora e aceita. E então você conta isso a alguém e essa pessoa aceita. E o boato continua passando de boca em boca, o rótulo vai ficando maior e maior e maior... E um dia, sobre esse homem que você rotulou de "PECADOR" estará escrito em letras maiúsculas tão grandes, em néon, que ele próprio acaba se achando um pecador e se comportando de acordo. Toda a sociedade espera que ele seja dessa forma, do contrário elas ficarão zangadas — "O que você está fazendo? Você é um pecador e está tentando ser santo? Comporte-se!"

É isso o que a sociedade faz — um investimento muito sutil nos rótulos que ela dá: "Comporte-se! Não faça nada que contrarie as idéias que fizemos de você". Essa é uma coisa tácita, mas existe.

Segundo, quando você rotula uma pessoa, não importa o quanto ela tente se comportar da maneira como foi rotulada, ela não consegue. Não consegue se comportar perfeitamente de acordo, porque isso é impossível. Ela não pode ser assim de verdade, só pode fingir. E então, uma hora ou outra, quando ela não estiver fingindo, quando estiver um tantinho relaxada — ela está de bom humor, fazendo um piquenique —, a realidade se impõe. Depois você acha que foi enganado; esse homem é um impostor. Você estava pensando que ele era bom e hoje ele roubou dinheiro de você. Durante anos você pensou que ele era bom, que era um santo — e agora ele rouba dinheiro de você!

Você acha que ele o estava enganando? Não, foi o seu rótulo que enganou você. Ele estava se comportando de acordo com a realidade dele. Durante um tempo ele se ajustou à sua moldura, mas um dia ou outro ele sai da moldura. A pessoa tem de fazer coisas que ela queira fazer.

Ninguém está aqui para satisfazer as suas expectativas. E só as pessoas muito covardes tentam preencher as expectativas das outras pessoas. O homem de verdade acabará com as expectativas de todo mundo com relação a ele, porque ele não está aqui para ficar aprisionado pelas idéias de ninguém. Ele continuará livre. Continuará incoerente — isso é que é liberdade. Ele fará uma coisa hoje e exatamente o oposto amanhã, assim você não poderá cultivar nenhuma idéia com respeito a ele. O ser humano verdadeiro, genuíno é incoerente. Só as pessoas falsas são coerentes. O ser humano de verdade carrega contradições dentro dele. Ele é absolutamente livre. Ele tem tanta liberdade que pode ser uma coisa hoje e outra, oposta, amanhã. A escolha é dele — quer ser de esquerda, ele é de esquerda; se quer ser da direita, ele é da direita. Não há impedimentos para ele. Se ele quiser estar aqui dentro, ele está aqui dentro; se quer estar lá fora, ele está lá fora. Ele é livre. Ele pode ser extrovertido, pode ser introvertido, pode ser qualquer coisa. A liberdade dele escolhe na hora o que fazer.

Mas nós forçamos um padrão sobre as pessoas de que elas devem ser coerentes. As pessoas dão muito valor à coerência. Dizemos, "Este homem é tão coerente! Ele é um grande homem! Tão coerente!" Mas o que queremos dizer com "coerente"? Coerência significa que o homem está morto, não tem mais vida. Ele parou no dia em que se tornou coerente — desde então ele não está mais vivo.

Quando você diz, "O meu marido é digno de confiança", o que você quer dizer? Ele parou de amar, parou de viver — agora nenhuma outra mulher o atrai. Se nenhuma outra mulher o atrai, como você vai conseguir se manter atraente aos olhos dele? Você é uma mulher! Na verdade, agora ele finge. Se o homem ainda está vivo e amando, quando ele vê uma bela mulher se sente atraído. Se a mulher está viva, viva e forte, quando ela vê um belo homem, como pode não se sentir atraída? É tão natural! Eu não estou dizendo que ela tenha de segui-lo — mas a atração é natural. Ela pode escolher não segui-lo — mas negar a atração é negar a própria vida.

O Zen diz: Seja verdadeiro com relação à sua liberdade. E, então, um tipo totalmente diferente de ser surge em você, alguém muito surpreendente e imprevisível. Religioso, mas não moralista. Nem imoral nem moralista: amoral: além da moralidade, além da imoralidade.

Essa é a nova dimensão que o Zen abre em sua vida. Trata-se de uma realidade separada da qual você viveu — totalmente separada. Ela tem uma qualidade nova, a qualidade da "falta de caráter".

Esse termo às vezes fere os nossos ouvidos, porque há muito tempo nós reverenciamos a palavra "caráter". Há séculos estamos condicionados à palavra "caráter". Dizemos, "Este homem é um homem de caráter". Mas será que observamos direito? O homem de caráter é um homem morto. O homem de caráter é categorizável, o homem de caráter é previsível. O homem de caráter não tem futuro, só tem passado.

Veja, o homem de caráter só tem passado. Porque caráter significa passado. Ele continua repetindo o seu passado, ele é um gramofone quebrado. Continua repetindo a mesma coisa vezes sem conta. Não tem nada novo a dizer. Não tem nada novo a viver, nada novo para ser. Nós chamamos esse homem de homem de caráter. Você pode confiar nele, você pode contar com ele. Ele não quebrará as suas promessas — é, isso é verdade. Ele tem uma grande utilidade, muita utilidade social, mas esse homem está morto, esse homem é uma máquina.

As máquinas têm caráter; você pode confiar nelas. É por isso que aos poucos nós estamos substituindo todos os seres humanos por máquinas. As máquinas são mais previsíveis, elas têm mais caráter — você pode confiar nelas.

O cavalo não é tão confiável quanto o carro. O cavalo tem um tipo de personalidade — num dia ele não está disposto a andar, noutro dia ele não quer seguir pelo caminho que você escolheu e noutro ainda ele está muito rebelde. E um determinado dia ele só fica parado no lugar e se recusa a andar. Ele tem alma; não é sempre que você pode confiar nele. Mas o carro não tem alma. É só um amontoado de peças; não tem um centro. Ele simplesmente segue pelo caminho que você quer. Mesmo que você queira que o carro se precipite num abismo, ele se precipita. O cavalo dirá, "Alto lá! Se você quer se suicidar, tudo bem, mas eu não quero. Você pode pular, mas eu não vou". Mas o carro não se recusará; ele não tem alma para dizer não. Ele sempre diz sim, nunca diz não.

Às vezes até a mente de um grande matemático se recusa a funcionar. Mas o computador continua funcionando durante 24 horas — dia após dia, ano após ano —, não existe essa questão de não funcionar. A máquina tem caráter, um caráter extremamente confiável. E é isso que temos tentado fazer também. Primeiro tentamos fazer do homem uma máquina; não conseguimos cem por cento, mas aos poucos começamos a inventar máquinas que podem substituir as pessoas. Mais cedo ou mais tarde, as pessoas serão substituídas em todos os lugares. As máquinas são muito melhores, muito mais eficientes, muito mais confiáveis e rápidas.

O homem tem estados de espírito diferentes porque ele tem alma. Como o homem tem alma, ele só pode ser autêntico se continuar não tendo caráter. O que significa falta de caráter? Significa que ele sempre deixa o seu passado para trás. Ele não vive de acordo com o passado — é por isso que ele é imprevisível. Ele vive cada momento, vive no presente. Ele olha em volta e vive, ele vê o que existe em torno dele e vive, ele sente o que está em torno dele e vive. Ele não tem idéias fixas sobre como viver; ele só tem percepção. A vida dele é um fluxo constante. Ele tem espontaneidade — isso é o que quero dizer quando afirmo que o homem de verdade não tem caráter. Ele tem espontaneidade.

Ele é responsivo. Se você disser algo a ele, ele responde, ele não repete um clichê. Ele responde a *você* — ele responde a *esse* momento, a *essa* pergunta, a *essa* situação. Ele não responde a uma outra situação, aprendida. Ele responde a você, ele olha para você. Ele não está reagindo, ele está respondendo. A reação vem do passado.

Aconteceu: um mestre zen perguntou, "Qual é o segredo de Buda? O que ele transmitiu a Mahakashyapa quando lhe ofereceu a flor? Por que ele disse: 'Eu dou a Mahakashyapa o que não pude dar a mais ninguém — pois as outras pessoas só compreendem palavras, Mahakashyapa compreende o silêncio'?"

Buda havia chegado nesse dia com uma flor de lótus na mão. Todos os discípulos olharam para ele, continuaram olhando e começaram a ficar preocupados e a ficar cada vez mais inquietos. O mestre não dizia nada, só olhava para um lótus... como se tivesse esquecido os discípulos. Minutos se passaram, horas se passaram e as pessoas ficaram muito incomodadas. E então Mahakashyapa começou a rir. Buda o chamou e lhe deu uma flor e disse, "O que eu posso dar com palavras, eu dou aos outros. O que eu não posso dar com palavras, eu dou a você,

Mahakashyapa. Fique com ela até encontrar um homem que consiga receber a mensagem em silêncio".

Um mestre zen perguntou aos alunos, "Qual é o segredo? O que foi dado através do lótus? O que aconteceu nesse momento?" Um discípulo se levantou, dançou e correu para fora. E o mestre disse, "Certo, é exatamente isso".

Mas outro mestre no mesmo mosteiro procurou esse mestre à noite e disse, "Você não deveria ter concordado tão rápido; você se precipitou. Tenho minhas suspeitas".

Então o mestre procurou o discípulo que tinha dançado e a quem ele havia dito, "Sim, é isso". À noite ele o procurou e perguntou a mesma coisa: "O que foi que Buda deu no lótus para Mahakashyapa? O que foi que Mahakashyapa entendeu quando ele sorriu? O que foi? Diga-me a resposta".

O jovem dançou. E o mestre bateu nele com rigor! Ele disse, "Está errado, absolutamente errado!"

O discípulo disse, "Mas de manhã você disse que estava certo!"

E o mestre disse, "Sim, de manhã estava certo, à noite está errado. Você está repetindo. De manhã eu achei que essa era a resposta. Agora eu sei que foi uma reação".

A resposta tem de mudar, se não for uma reação, cada vez que a pergunta é feita. A pergunta pode ser a mesma, mas nada continua igual. De manhã, quando o mestre perguntou o sol estava nascendo e os pássaros estavam cantando, e os discípulos — milhares de monges — estavam sentados em meditação —; era um tipo de mundo totalmente diferente. Sim, a pergunta era a mesma, a formulação lingüística era a mesma. Mas o todo tinha mudado, a gestalt tinha mudado. À noite, era totalmente diferente; o mestre estava sozinho com o discípulo na cela. O sol não estava mais no céu, os pássaros não estavam mais cantando e não havia ninguém para ver. O mestre havia mudado. Nessas poucas horas, o rio tinha corrido, tinha atravessado outros prados, entrado em outros territórios. A pergunta só *pare-cia* ser a mesma. Mas o discípulo tinha se fixado. Ele pensou, "Agora eu sei a resposta".

Não, na vida real ninguém sabe as respostas. Na vida real você tem de ser responsivo. Na vida real você não pode carregar respostas prontas, fixas, clichês. Na vida real você tem de estar aberto. Esse discípulo não captou isso.

O homem sem caráter é um homem que não tem respostas, que não tem filosofia, que não tem uma idéia particular sobre como as coisas deveriam ser. Seja como elas forem, ele continuará aberto. Ele é um espelho — ele reflete.

Você já reparou? Se ficar diante do espelho, se ficar zangado, o espelho refletirá o seu rosto zangado; se você rir, o espelho refletirá a sua face risonha. Se você estiver velho, o espelho refletirá a sua velhice; se for jovem, o espelho refletirá a sua juventude. Você não pode dizer para o espelho, "Ontem você me refletiu sorrindo e hoje está me refletindo tão zangado e triste! O que quer dizer com isso? Você é incoerente. Você não tem caráter! Vou jogar você no lixo!"

O espelho não tem caráter. E o homem de verdade é como um espelho.

O Zen não julga. O Zen não avalia, o Zen não impõe caráter a ninguém. Porque, para impor caráter, você precisa avaliar — bom ou ruim. Para impor caráter você precisa criar regras sobre como a pessoa deveria ou não deveria ser; você precisa dar mandamentos. Para impor caráter, você tem de ser alguém como Moisés — você não pode ser como Bodhidharma. Para impor caráter você precisa provocar medo e ganância. Do contrário, quem ouvirá você? Você tem de ser um B. F. Skinner e tratar as pessoas como ratos — treine-os, castigue-os, recompense-os, para que eles sejam forçados a seguir um certo padrão.

É isso o que fizeram e continuam fazendo com você. Os seus pais fizeram isso, a escola fez isso, a sociedade fez isso, o

Estado fez isso. O Zen diz: Agora chega, saia disso. Esqueça essa bobagem, comece a ser você mesmo. Isso não significa que o Zen deixe você no caos. Não, ele faz justamente o oposto. O Zen, em vez de dar a você um caráter, e a "voz da consciência" para manipular o caráter, ele lhe dá uma consciência de verdade.

Essa diferença tem de ser notada, tem de ser lembrada. Todas as outras religiões dão a você a voz da consciência. O Zen dá a você consciência. Voz da consciência significa, "Isto é bom, isto é ruim. Faça isto, não faça aquilo". Consciência significa simplesmente, "Seja um espelho — reflita, responda". A resposta é certa, a reação é errada. Ser responsável não significa seguir certas regras; ser responsável significa ser capaz de responder.

O Zen torna você luminoso por dentro. Não é uma imposição de fora, não é algo cultivado por algo de fora; ele não dá a você uma armadura, um mecanismo de defesa. Ele não se importa com a periferia, ele simplesmente acende uma luz dentro do seu centro, do seu próprio centro. E essa luz continua crescendo... e um dia toda a sua personalidade está luminosa.

Como surge essa atitude zen, esse espírito zen? Surge da meditação. É o ponto culminante da consciência meditativa. Se você medita, pouco a pouco verá que tudo é bom, que tudo é como deve ser. Surge *tathata*, a verdadeira natureza dos fenômenos tal como são. Então, ao ver um ladrão, você não pensa que ele deveria ser transformado — você simplesmente responde. Você não pensa que ele é ruim. E quando não pensa que um homem é ruim, cruel, você está criando a possibilidade de que esse homem seja transformado. Você está aceitando o homem como ele é. E por meio dessa aceitação acontece a transformação.

Você já não viu isso acontecendo na sua vida também? Sempre que alguém aceita você sem restrições, completamente, você começa a mudar. A aceitação dele dá a você essa coragem... Quando existe alguém que simplesmente ama você como é, você não vê o milagre de algo mudando, algo começando a mudar imediatamente, rápido? A própria aceitação de ser amado como é — de não esperarem nada de você — dá a você alma, torna você integrado, confiante, confiável. Faz você sentir que você *existe*; que não precisa preencher expectativas, que você pode SER, que o seu ser original é respeitado.

Mesmo que você só encontre uma única pessoa que o respeite inteiramente — porque todo julgamento é desrespeito — que aceita você como é, que não lhe faz nenhuma exigência, que diz, "Seja como você é. Seja você mesmo. Eu amo você. Eu amo você, não o que você faz. Eu amo você como você é em seu eu, em seu âmago mais profundo; eu não estou interessado na sua periferia e nas suas roupas. Eu amo o seu ser — não o que você tem. Eu não estou interessado no que você tem, estou interessado só numa coisa — no que você é. E você é tremendamente belo".

Isso é que é amor. É por isso que o amor nos alimenta tanto. Quando você encontra uma mulher ou um homem que simplesmente ama você — por nenhuma razão especial, só por amar — o amor transforma. De repente você passa a ser outra pessoa, uma pessoa que você nunca foi. De repente, toda tristeza desaparece, toda inércia desaparece. De repente você percebe uma dança em seu andar, uma canção no seu coração. Você começa a andar de um jeito diferente — com mais graça.

Repare, sempre que alguém ama você, o próprio fenômeno do amor é suficiente. A sua frieza desaparece, você começa a se sentir aquecido. O seu coração deixa de ficar indiferente diante do mundo. Você olha

>
>
> Sempre que alguém aceita você sem restrições, completamente, você começa a mudar. A aceitação dele dá a você essa coragem.

mais as flores, olha mais o céu — o céu traz uma mensagem... porque uma mulher olhou nos seus olhos, ou um homem olhou nos seus olhos e aceitou você inteiramente, sem nenhuma expectativa. Mas isso não dura, porque as pessoas são muito tolas. Essa lua-de-mel, cedo ou tarde, desaparece — uma semana, duas, três no máximo. Cedo ou tarde a mulher começa a criar expectativas e o homem começa a fazer o mesmo, "Faça isso, faça aquilo". E você recua outra vez, deixa de andar nas nuvens. Está outra vez oprimido, o amor desaparece. Agora a mulher está mais interessada em seu bolso. Agora o homem está mais interessado na comida. Em cuidar da família, cuidar da casa e mil e um detalhes — vocês não estão mais em sintonia com o ser do parceiro.

Se essa harmonia permanece, então tudo fica bem. Você pode continuar fazendo mil e uma coisas e nada o perturba. Mas essa harmonia acaba; vocês começam a não dar mais valor ao outro. Em três semanas vocês já se rotularam. No dia em que acabam de pôr rótulos um no outro, a lua-de-mel acaba.

O Zen acredita no amor. Ele não acredita em regras, regulamentos. Ele não acredita em nenhuma disciplina exterior, ele acredita no interior. Ele nasce do amor, nasce do respeito, nasce da confiança. Quando medita, você começa a confiar na existência. Veja a diferença: se você pergunta a um cristão ou a um hindu, ele dirá que é preciso, antes de mais nada, ter confiança. Ele dirá, "Confie na existência — e então você saberá quem é Deus". No Zen, não existe essa exigência inicial. O Zen diz: Medite. Dessa meditação nasce a confiança, e a confiança torna a existência divina. Surge *Tathata*, a verdadeira natureza dos fenômenos tal como são.

Como você pode continuar condenando se sabe que tudo é divino? Os assim-chamados vedantas na Índia dizem, "Tudo é Brahma" — mas continuam condenando. Continuam dizendo que fulano é pecador e que beltrano é santo, e que o santo vai para o céu e o pecador para o inferno. Isso parece absurdo. Se tudo é Brahma, tudo é Deus. Então como você pode ser pecador? Então é Deus que é o pecador dentro de você. Como Deus pode ir para o inferno?

O Zen diz: No dia em que você sabe que tudo é divino, tudo é Deus. E eles não usam a palavra "deus" — porque as outras religiões corromperam demais a palavra, ela ficou contaminada, poluída, envenenada. Eles não usam a palavra "deus". Quando você medita, e pouco a pouco começa a ver as coisas como são, começa a confiar e respeitar as coisas como são, a confiança brota. Essa confiança é *tathata*.

Tathata leva a uma visão do caráter inter-relacionado da existência. Todo o universo passa a ser visto como uma unidade, funcionando numa unidade orgânica. Eles têm uma palavra certa para isso, eles a chamam de *jiji muge hokkai* — quando você passa a saber que toda a existência é unitária — ela é realmente um universo, não um multiverso —, que tudo está ligado a tudo; que santos e pecadores são, ambos, parte de uma rede, eles não estão separados; que o bem e o mal estão ligados. Assim como a escuridão e a luz estão juntas, assim como a morte e a vida estão juntas, assim também estão o bem e o mal.

Tudo está interligado. É uma rede, um belo padrão.

Ouça estas palavras de Berenson:

"Era uma manhã de início de verão. Uma bruma prateada tremeluzia sobre as limeiras. O ar estava carregado de carícias. Eu me lembro (...) que trepei no toco de uma árvore e me senti subitamente imerso num estado de ser a própria coisa. Eu não chamei essa sensação por esse nome; nesse estado de espírito não existiam palavras. Não existia sequer um sentimento. Eu não precisava de palavras. Eu e as coisas éramos um só. Isso simplesmente estava lá, uma bênção".

Tathata significa chegar num momento em que você de repente vê que a existência é uma coisa só, inter-relacionada, dançando uma dança, uma orquestra. E tudo é necessário — tanto o ruim é necessário quanto o bom. Jesus sozinho não consegue, Judas é uma necessidade. Sem Judas, Jesus não seria tão rico. Tire Judas da Bíblia e ela perde muito. Corte Judas da Bíblia e onde fica Jesus? O que é Jesus? Judas oferece o contraste; ele proporciona o pano de fundo. Ele se torna a tempestade que antecede a bonança. Se não houvesse tempestade não viria a bonança. Jesus tem de ser grato a Judas. E não é coincidência que, na ocasião em que ele lava os pés dos discípulos, os primeiros pés que ele lava são os de Judas. Então, quando ele estava se despedindo, dizendo adeus, ele abraçou mais Judas do que qualquer outro, beijou-o mais do que qualquer outro. Ele era o seu principal discípulo.

Ora, esse é um mistério por trás de um mistério. Ao longo das eras, existiram rumores nos círculos esotéricos de que tudo foi planejado pessoalmente por Jesus. Gurdjieff acredita piamente nisso. E existe toda a possibilidade de que Judas tenha simplesmente seguido as ordens de Jesus — para traí-lo, para vendê-lo aos inimigos. E isso parece mais lógico. Porque, por mais cruel que Judas pudesse ser, vender Jesus por trinta moedas de prata?! Parece um pouco demais. Judas esteve com Jesus durante um bom tempo, e ele era o mais inteligente de todos os discípulos. Ele era o único que tinha instrução, era o único que podia ser chamado de intelectual. Na verdade, ele era mais instruído que Jesus. Ele era o pândita que andava com Jesus.

Parece um pouco demais vender Jesus por trinta moedas de prata. Não. E você sabe o que aconteceu? Quando Jesus foi crucificado, Judas se suicidou — no dia seguinte. Os cristãos não falam muito sobre isso, mas isso tem de ser mencionado. Por que ele cometeu suicídio? O trabalho dele estava acabado —

ele tinha de seguir com o mestre. Você acha que um homem capaz de vender o seu mestre por trinta moedas de prata se sentiria tão culpado a ponto de cometer suicídio? De jeito nenhum. Por que ele se incomodaria em fazer isso? Não, ele tinha simplesmente seguido as ordens do mestre. Ele não podia dizer não — isso fazia parte da sua renúncia. Ele tinha de dizer sim. Não se pode dizer não ao mestre. Foi tudo planejado. E existia uma razão para isso: só por meio da crucificação a mensagem de Jesus viveria neste mundo. Não teria existido nenhum Cristianismo sem a crucificação. É por isso que eu chamo o Cristianismo de "crucianismo". Não é Cristianismo — porque Jesus sozinho não conseguiria, foi preciso a cruz para que o Cristianismo acontecesse.

Quando você vê o caráter inter-relacionado das coisas, percebe que Judas também faz parte do jogo que Jesus representava. O mal passa a fazer parte do bem. O Diabo passa a ser nada mais do que um anjo de Deus — e eu não o chamo de anjo caído. Talvez numa grande missão neste mundo, enviado pelo próprio Deus — talvez o seu discípulo mais próximo.

A palavra "diabo" tem a mesma raiz que "divino". Essa é a dica. Sim, o Diabo também é divino.

Sasaki relata:

Quando o meu professor estava falando comigo a respeito *disso*, ele disse, "Agora pense em si mesmo. Você acha que é um ser separado, uma ilha. Mas você não é. Sem o seu pai e a sua mãe, você não existiria. Sem o pai e a mãe deles, eles não existiriam e você também não".

E assim por diante — você pode continuar até os primórdios dos primórdios. Pode continuar retrocedendo e descobrirá que tudo o que aconteceu na existência até agora tinha de acontecer para que você acontecesse. Do contrário você não aconteceria. Você está interconectado. Você é só uma pequena parte de uma longa cadeia infinita. Tudo o que existe está contido em você, tudo o que passou está contido em você. Você é o ápice, neste momento, de tudo que o precedeu. Em você, todo o passado existe. Mas isso não é tudo. De você virão os seus filhos e os filhos dos seus filhos... e assim por diante.

As suas ações gerarão resultados e desses resultados outros resultados e de outros resultados outras ações. Você perecerá, mas qualquer coisa que faça continuará. Terá reverberações, ao longo das eras, até o fim absoluto.

Portanto, todo o passado está contido em você e todo futuro também. Neste momento o passado e o futuro se encontram em você, *ad infinitum*, em ambas as direções. Você guarda dentro de si a semente da qual brotará o futuro, assim como em você está, neste momento, a totalidade do passado. Por isso você é a totalidade do futuro também. Este momento é tudo, você é tudo. Como o todo está contido em você, o todo está em jogo em você. O todo se cruza com você.

> Você guarda dentro de si a semente da qual brotará o futuro, assim como em você está, neste momento, a totalidade do passado. Por isso você é a totalidade do futuro também. Este momento é tudo, você é tudo.

Dizem que, quando toca uma lâmina de vidro, você toca todas as estrelas. Porque tudo está contido em tudo o mais, tudo está dentro de tudo mais.

O Zen chama esse envolvimento do todo em cada uma de suas partes de *jiji muge hokkai*. Isso é ilustrado com o conceito de uma rede universal. A rede é chamada de "Rede de Indra" na Índia, uma grande rede que se estende por todo o universo, verticalmente para representar o tempo, e horizontalmente para representar o espaço. Em cada ponto em que os fios da rede se encontram existe uma conta de cristal, o símbolo de uma única existência. Cada conta de cristal reflete em sua superfície não só todas as outras contas da rede como todos os reflexos, em cada conta, de todos os outros reflexos de todas as outras contas. Incontáveis, intermináveis reflexos umas das outras — isso é chamado *jiji muge hokkai*.

Quando Gautama Buda segurava na mão uma flor de lótus, ele estava mostrando *jiji muge hokkai*. Mahakashyapa entendeu. Essa era a mensagem — nesse pequenino lótus tudo estava contido: todo o passado, todo o futuro, todas as dimensões estão contidas. Nesse pequenino lótus, tudo floresceu e tudo o que florescerá um dia está contido nessa pequena flor de lótus. Mahakashyapa riu; ele entendeu a mensagem: *jiji muge hokkai*. É por isso que a flor foi oferecida a Mahakashyapa, como uma prova da transmissão além das palavras.

Por isso a compaixão budista por tudo, e a gratidão por tudo e o respeito por tudo — porque todas as coisas estão contidas umas nas outras.

Agora essa história zen:

Uma noite, enquanto Shichiri Kojun recitava os sutras, um ladrão irrompeu com uma espada afiada, exigindo seu dinheiro ou a vida.

Shichiri disse a ele, "Não me interrompa. O dinheiro está naquela gaveta". Então continuou recitando os sutras.

Nenhuma condenação, nenhum julgamento. Simples aceitação — como se uma brisa tivesse entrado, não um ladrão. Nem sequer uma leve mudança em seus olhos — como se um amigo chegasse, não um ladrão. Nenhuma mudança em sua atitude. Ele disse, "Não me interrompa. O dinheiro está naquela gaveta. Não vê que estou recitando os meus sutras? Pelo menos você devia ser respeitoso, não interromper um homem que está recitando os sutras, por causa de uma coisa tola como dinheiro. Vá e procure você mesmo! E não me amole".

Agora repare: ele não está contra o ladrão porque ele foi roubar. Ele não está contra o ladrão porque ele está atrás de dinheiro, está obcecado por dinheiro — não, nada disso. Uma simples aceitação: é desse jeito que ele é. E quem pode saber? Esse é o jeito que ele TEM de ser. E por que eu devo condená-lo? Quem sou eu? Se ele conseguir ser gentil o suficiente para não me interromper, isso basta, é mais do que podemos esperar de uma pessoa. Então não me amole.

Um instante depois ele parou e chamou o ladrão, "Não pegue tudo. Tenho uns impostos para pagar amanhã".

Veja o principal — como ele foi amável. Nenhuma hostilidade. E como não há hostilidade, também não há medo. Como não há condenação, só profundo respeito, ele pode confiar que o ladrão irá embora. Quando você se dá com tamanha sinceridade e convicção, você pode confiar — até o pior dos homens terá pelo menos respeito pelo respeito que você tem por ele. Ele respeitará, você pode confiar nisso. Quando você confia em alguém, quando não julga nem condena, você pode confiar que ele confiará em você. Ele simplesmente disse, "Não pegue tudo. Tenho uns impostos para pagar amanhã".

O intruso pegou a maior parte do dinheiro e se preparou para fugir. "Agradeça quando recebe um presente..."

Agora, veja a compaixão desse homem. Ele não o chamou de ladrão; ele disse, "Agradeça quando recebe um presente". Ele está transformando; a visão dele é totalmente diferente. Ele não quer que esse homem se sinta culpado; a compaixão dele é imensa. Do contrário, mais tarde o homem começaria a se sentir culpado. Era inevitável que ele se sentisse culpado — roubar de um pobre monge, alguém que mendiga, que não tem muito nem para si mesmo; roubar de um homem tão disposto a dar, que aceitou você tão totalmente — esse homem se sentiria culpado, ele começaria a se arrepender. Ele não conseguiria dormir à noite. Talvez ele voltasse pela manhã para pedir perdão.

Não, aquilo não seria bom. O Zen não quer criar nenhum tipo de culpa. É esse o significado do Zen, uma religião que não cria culpa. A religião pode criar culpa com muita facilidade, é isso o que fazem as outras religiões. Mas, quando você cria culpa, está criando algo muito pior em vez de curar. O Zen não cria nenhuma culpa, ele toma todo cuidado para não criar culpa em ninguém.

Agora ele diz, "Agradeça quando recebe um presente. Isso é um presente! Nem isso você percebeu? Eu estou *dando* o dinheiro a você — você não o está roubando de mim". Que diferença! É a mesma coisa.

Isto é o que o Zen diz: Dê — senão ele será roubado. E essa é a visão total da vida. Antes de a morte vir, dê tudo para que a morte não precise se sentir culpada. Ofereça a sua vida à morte como um presente. Essa é a renúncia do Zen. É totalmente diferente da renúncia do hindu ou do católico — eles dão com a intenção de receber. O Zen dá para não criar culpa em nenhum lugar do mundo; para que não reste nenhuma culpa.

O homem agradeceu e partiu. Alguns dias depois o sujeito foi pego e confessou, entre outras coisas, ter roubado Shichiri. Quando este foi chamado para servir de testemunha, ele disse, "Este homem não é ladrão, pelo menos no que se refere a mim. Eu dei a ele o dinheiro e ele me agradeceu".

Captou a mensagem? Quanto respeito! Que imenso respeito! Que respeito incondicional pelo homem — por um ladrão!

Se esse Shichiri fosse um santo cristão, ele teria ameaçado o homem dizendo que ele se preparasse para padecer no inferno — e pela eternidade. Se ele fosse um santo hindu, teria feito um longo sermão sobre não roubar e teria assustado o homem, dizendo que ele arderia no fogo do inferno. Teria pintado um quadro terrível do inferno e pregaria sobre a inutilidade do dinheiro.

Veja: o mestre zen não diz nada sobre a inutilidade do dinheiro. Na verdade, em vez disso ele diz, "Deixe um pouco para mim; amanhã de manhã precisarei dele". O dinheiro tem um propósito. A pessoa não precisa ser obsessiva, nem ser a favor nem contra. O dinheiro tem uma utilidade. Você só precisa não viver pensando em ganhar dinheiro, mas não precisa ser contra ele. Ele tem uma utilidade. Essa é a minha atitude com relação a dinheiro: o dinheiro tem de ser usado, ele é um instrumento.

No mundo da religião, o dinheiro é muito condenado — as pessoas religiosas têm muito medo do dinheiro. Esse medo nada mais é do que ganância ao contrário. Trata-se da mesma ganância que se transformou em medo. Se você se aproximar de um santo hindu com dinheiro na mão, ele fechará os olhos, não olhará para o dinheiro. Para que tanto medo do dinheiro? Por que ele deveria fechar os olhos? Ele continuará dizendo que o dinheiro é sujo — mas nunca fecha os olhos quando olha para a sujeira. Isso não tem nenhuma lógica. Na verdade, se o dinheiro é sujo ele deveria manter os olhos fechados durante 24 horas por dia, porque a sujeira está em todo lugar. O dinheiro é sujo? Então por que ter tanto medo da sujeira? Medo de quê?

O Zen tem um ponto de vista totalmente diferente e extremamente básico. O mestre não diz que o dinheiro é sujo e você não deve ficar olhando o dinheiro das outras pessoas. O que o

> Você chegou aqui de mãos vazias e vai sair de mãos vazias — não pode possuir nada.
>
> Ninguém possui o dinheiro; nós o usamos. E estamos todos juntos aqui para usá-lo.

dinheiro tem a ver com as outras pessoas? O dinheiro não é de ninguém. Portanto, dizer para alguém "Você é um ladrão" é acreditar na propriedade privada. É acreditar que uma pessoa pode ter dinheiro da maneira certa e outra pode tê-lo da maneira errada, uma pessoa tem direito de possuí-lo e outra não tem.

O roubo é condenado por causa da mente capitalista que existe no mundo; isso faz parte da mente capitalista. De acordo com ela, o dinheiro pertence a alguém — existe um dono por direito e ninguém pode tirar o dinheiro dele.

Mas o Zen diz que nada pertence a ninguém, ninguém é dono por direito. Como você pode possuir este mundo? Você chegou aqui de mãos vazias e vai sair de mãos vazias — não pode possuir nada. Ninguém possui o dinheiro; nós o usamos. E estamos todos juntos aqui para usá-lo. Esta é a mensagem: "Pegue o dinheiro! Mas deixe um pouco para mim também. Eu também estou aqui para usá-lo, assim como você também está".

Que atitude prática, empírica! E com tamanho desapego do dinheiro! E no julgamento ele disse, "Este homem não é um ladrão..." De ladrão ele passou a ser amigo. Ele disse, "...pelo menos no que se refere a mim. Eu não sei sobre os outros — como posso saber dos outros? Até aqui eu sei: Eu dei a ele o dinheiro e ele agradeceu. Acabou, termina aí a história. Ele não me deve mais nada. Ele me agradeceu pelo dinheiro — o que mais pode fazer?"

No máximo podemos agradecer. Podemos agradecer à existência por tudo que ela nos deu — o que mais podemos fazer?

Depois de cumprir a sua sentença na prisão, o homem procurou Shichiri e se tornou seu discípulo.

O que mais você pode fazer com um homem como Shichiri? Você tem de se tornar um discípulo. Ele converteu o ladrão num saniasin. Essa é a alquimia de um mestre, ele nunca perde nenhuma oportunidade. Sempre que surge uma oportunidade, ele a aproveita — sempre que um ladrão vai ter com um mestre, ele retorna como um saniasin.

Entrar em contato com um mestre é ser transformado. Você pode ir com outra intenção, pode não ir pelo mestre — o ladrão não estava lá pelo mestre. Na verdade, ele não sabia que naquela choça morava um mestre, ele não teria ousado entrar. Ele só foi até lá por dinheiro; topou com o mestre por acaso. Mas, mesmo que você encontre um mestre por acaso, ele vai mudar você completamente. Você nunca mais será o mesmo.

Muitos de vocês estão aqui por acaso. Vocês não estavam à minha procura, não estavam procurando por mim. Por causa de mil e um acidentes vocês chegaram aqui. Mas ficou cada vez mais difícil partir.

O mestre não faz pregações, nunca diz o que você deve fazer. Bodhidharma diz, "O Zen não tem nada a dizer, mas o Zen tem muito a mostrar". Esse mestre mostrou um caminho a esse ladrão. Ele mudou esse homem, ele o mudou com grande maestria. Ele devia ser um grande cirurgião — ele operou o coração desse homem... e não se ouviu nenhum som. Ele destruiu esse homem completamente e o criou novamente. E o homem não estava nem consciente do que estava acontecendo. Esse é o milagre de um mestre.

Um sutra zen diz: "O homem de entendimento não rejeita o erro". Quando eu me deparo com ele, o meu coração dança.

Recite esse sutra do fundo do seu coração: O homem de entendimento não rejeita o erro.

E outro mestre, falando sobre o sutra, comentou — o seu nome era Ohasama — ele comentou: "Não é preciso buscar primeiro a verdade, pois ela está presente em todo lugar, até no erro. Por isso quem rejeita o erro rejeita a verdade".

Que pessoas incríveis! A pessoa que rejeita o erro rejeita a verdade. Você percebe a beleza disso? O ponto de vista radical, revolucionário disso? Shichiri não rejeitou o homem porque ele era ladrão; ele não rejeitou o homem por causa do seu erro — porque por trás do erro está uma existência divina, um deus. Rejeite o erro e você rejeita o deus também. Rejeite o erro e você rejeita a verdade que existe por trás dele.

Ele aceita o erro para aceitar a verdade. Depois que a verdade vem à tona, é aceita, espalha-se, o erro desaparece naturalmente. Você não precisa brigar com a escuridão — esse é o significado. Simplesmente acenda a vela. Você não precisa brigar com a escuridão, só acenda a vela. O mestre acende a vela no homem.

A mesma lição, embora ligeiramente mais zen, é transmitida em outra história, sobre outro mestre — quase a mesma, mas um pouco mais à moda zen.

No meio da noite, quando o mestre Taigan estava escrevendo uma carta, um ladrão entrou em seu quarto carregando uma enorme espada. Olhando para o ladrão, o mestre disse, "O que você quer — o dinheiro ou a minha vida?"

Ora, isso é mais zen ainda — ele não dá ao ladrão a chance de dizer nada. Shichiri pelo menos deu a ele uma chance; com Shichiri o ladrão perguntou: *um ladrão irrompeu com uma espada afiada, exigindo seu dinheiro ou a vida.* Taigan fez melhor ainda. Talvez Taigan tenha vindo depois — ele devia conhecer a história de Shichiri. Ele não deu nem mesmo essa oportunidade ao ladrão. Ele disse, "O que você quer? O dinheiro ou a minha vida? Ambos são irrelevantes — seja lá o que você precise, pode levar. A decisão é sua".

"Eu vim por causa do dinheiro", respondeu o ladrão, um pouco amedrontado.

Esse homem — ele nunca tinha se deparado com um dragão como esse — ele diz, "O que você quer? O dinheiro ou a minha vida?" E tão pronto para dar: "Você pode escolher". Nenhuma condenação, nada do tipo. Mesmo que o ladrão escolhesse a vida dele, Taigan a daria. Tudo o que um dia será levado de alguma maneira, é melhor dar de uma vez. Um dia, mais cedo ou mais tarde, até a vida chegará ao fim — então por que se preocupar? A morte está se aproximando a cada dia; deixe que esse ladrão aproveite-a por um momento.

"Eu vim por causa do dinheiro", respondeu o ladrão, um pouco amedrontado.

O mestre pegou a bolsa e a passou ao ladrão, dizendo, "Aqui está!" Ele então voltou a escrever a sua carta como se nada tivesse acontecido.

O ladrão começou a se sentir constrangido e deixou o quarto, estupefato. "Ei! Espere um minuto!", chamou o mestre.

O ladrão voltou, estremecendo. "Por que não fecha a porta?", disse o mestre.

Dias depois, o ladrão foi capturado pela polícia e disse, "Faz anos que eu roubo, mas nunca me senti tão apavorado quanto na ocasião em que um mestre budista me chamou, 'Ei! Espere um minuto!' Eu ainda estou tremendo. Este homem é muito perigoso, e eu nunca conseguirei esquecê-lo. E no dia em que sair da prisão, eu vou procurá-lo. Nunca encontrei um homem assim — com essa qualidade! Eu segurava uma espada na mão, mas aquilo não era nada. Ele é uma espada!"

Apenas estas palavras — *"Ei! Espere um minuto!"* — e o ladrão disse, *"Eu ainda estou tremendo".*

Quando você chegar perto de um mestre, ele vai matar você. Como você pode matar um mestre? Mesmo que tenha uma espada na mão, você não pode matar um mestre; o mestre vai matar você. E ele mata de maneiras tão sutis que você nunca vai se dar conta de que está sendo morto. Você só se dá conta disso quando renasce. De repente um dia você não é mais o mesmo. De repente um dia o antigo se foi. De repente um dia tudo é novo e fresco — os pássaros estão cantando e as novas folhas estão crescendo em você. O rio estagnado está fluindo outra vez, você está seguindo em direção ao oceano.

Outra história:

"Um mestre zen tinha sido preso várias vezes."

... Agora indo um pouco mais longe! Essas pessoas zen são de fato uma gente muito excêntrica, maluca — mas fazem coisas belíssimas. "Um mestre zen tinha sido preso várias vezes." Agora, uma coisa é perdoar um ladrão, uma coisa é não pensar que ele é ruim, outra coisa é ir para a cadeia. E não só uma vez, mas várias! — por roubar pequenos objetos dos vizinhos. E os vizinhos sabiam, e ficavam intrigados: Por que esse homem rouba? E coisinhas tão pequenas! Mas a partir do momento em que saía da prisão, ele começava a roubar outra vez, continuava como antes. Até os juízes ficavam preocupados. Mas eles tinham de mandá-lo para a prisão, porque ele confessava. Ele nunca dizia, "Eu não roubei".

Por fim, os vizinhos se reuniram e disseram, "Senhor, não roube mais. O senhor está ficando velho e estamos dispostos a providenciar tudo de que precisa — todas as suas necessidades, seja o que for. Mas pare com isso! Nós estamos preocupados e muito chateados também. Por que o senhor continua fazendo isso?"

E o velho homem riu. E disse:

"Eu roubo para ficar com os presos e levar a eles a mensagem interior. Quem vai ajudá-los? Lá fora, para vocês prisioneiros, existem muitos mestres. Mas dentro da cadeia não há nenhum mestre. Quem vai ajudá-los, digam-me! Esse é o jeito que eu tenho de entrar lá e ajudar essas pessoas. Então, quando a minha pena termina e me mandam embora, eu tenho de roubar algo e voltar para lá. Eu vou continuar fazendo isso. E eu encontrei lá na cadeia almas tão belas, almas tão inocentes!...— às vezes muito mais inocentes..."

Depois que isso aconteceu, um dos meus amigos tornou-se governador de um Estado da Índia e deixou que eu visitasse as cadeias do seu Estado. Eu as visitei durante anos e fiquei surpreso. As pessoas que estão na cadeia são muito mais inocentes do que os políticos, que os ricos, que os supostos santos. Eu conheço quase todos os santos da Índia. Eles são mais espertalhões. Eu descobri entre os presos almas inocentes... eu posso entender o ponto de vista desse mestre zen — sobre roubar, ser pego e levar a mensagem aos presos: "Eu roubo para ficar com os presos e levar a eles a mensagem interior".

O Zen só traz ao mundo uma coisa: entendimento, consciência. Por meio da consciência vem a inocência. E a inocência é inocência do bem e do mal, de ambos.

O Zen não tem um sistema de valor. O Zen só traz ao mundo uma coisa: entendimento, consciência. Por meio da consciência vem a inocência. E a inocência é inocência do bem e do mal, de ambos. Inocência é simplesmente inocência — ela não faz distinção.

A última história. Ela é sobre Ryokan — ele adorava crianças. Como era de esperar de um personagem como ele, ele próprio era uma criança. Ele era a criança de que Jesus fala. Ele não tinha malícia, astúcia. Ele era tão inocente que as pessoas costumavam achar que era meio louco.

Ryokan gostava de brincar com as crianças. Ele brincava de esconde-esconde, brincava de tamari, de handebol, também. Uma noite, era a vez de ele se esconder e ele se escondeu muito bem sob um monte de palha no campo. Foi ficando escuro e as crianças, sem conseguir encontrá-lo, foram embora.

Bem cedo, na manhã seguinte, chegou um fazendeiro que teve de tirar dali o monte de palha para poder trabalhar. Ao ver Ryokan ali, ele exclamou, "Oh, Ryokan-sama! O que está fazendo aí?"

O mestre respondeu, "Silêncio! Não fale tão alto, as crianças vão me achar!"

Ele ficou a noite inteira sob o monte de palha esperando as crianças! Que inocência é o Zen, e essa inocência é divina. Essa inocência não faz distinção entre o bom e o ruim, não faz distinção entre este mundo e o outro, não faz distinção entre isto e aquilo. Essa inocência é o que é *tathata*, a verdadeira natureza dos fenômenos tal como são.

E *tathata* é o âmago mais profundo da religiosidade.

Sobre o Autor

Osho desafia categorizações. Suas milhares de palestras abrangem desde a busca individual por significado até os problemas sociais e políticos mais urgentes que a sociedade enfrenta hoje. Seus livros não são escritos, mas transcrições de gravações em áudio e vídeo de palestras proferidas de improviso a plateias de várias partes do mundo. Em suas próprias palavras, "Lembrem-se: nada do que eu digo é só para você... Falo também para as gerações futuras".

Osho foi descrito pelo *Sunday Times*, de Londres, como um dos "mil criadores do século XX", e pelo autor americano Tom Robbins como "o homem mais perigoso desde Jesus Cristo". O *jornal Sunday Mid-Day*, da Índia, elegeu Osho – ao lado de Buda, Gandhi e o primeiro-ministro Nehru – como uma das dez pessoas que mudaram o destino da Índia.

Sobre sua própria obra, Osho afirmou que está ajudando a criar as condições para o nascimento de um novo tipo de ser humano. Muitas vezes, ele caracterizou esse novo ser humano como "Zorba, o Buda" – capaz tanto de desfrutar os prazeres da terra, como Zorba, o Grego, como de desfrutar a silenciosa serenidade, como Gautama, o Buda.

Como um fio de ligação percorrendo todos os aspectos das palestras e meditações de Osho, há uma visão que engloba tanto a sabedoria perene de todas as eras passadas quanto o enorme potencial da ciência e da tecnologia de hoje (e de amanhã).

Osho é conhecido pela sua revolucionária contribuição à ciência da transformação interior, com uma abordagem de meditação que leva em conta o ritmo acelerado da vida contemporânea. Suas singulares meditações ativas OSHO têm por objetivo, antes de tudo, aliviar as tensões acumuladas no corpo e na mente, o que facilita a experiência da serenidade e do relaxamento, livre de pensamentos, na vida diária.

Dois trabalhos autobiográficos do autor estão disponíveis:

Autobiografia de um Místico Espiritualmente Incorreto, publicado por esta mesma Editora.

Glimpses of a Golden Childhood (Vislumbres de uma Infância Dourada).

OSHO® INTERNATIONAL
MEDITATION RESORT

LOCALIZAÇÃO

Localizado a cerca de 160 quilômetros a sudeste de Mumbai, na florescente e moderna cidade de Puna, Índia, o OSHO International Meditation Resort é um destino de férias diferente. Estende-se por 28 acres de jardins espetaculares numa bela área residencial cercada de árvores.

OSHO MEDITAÇÕES

Uma agenda completa de meditações diárias para todo tipo de pessoa, segundo métodos tanto tradicionais quanto revolucionários, particularmente as Meditações Ativas OSHO®. As meditações acontecem no Auditório OSHO, sem dúvida o maior espaço de meditação do mundo.

OSHO MULTIVERSITY

Sessões individuais, cursos e *workshops* que abrangem desde artes criativas até tratamentos holísticos de saúde, transformação pessoal, relacionamentos e mudança de vida, meditação transformadora do cotidiano e do trabalho, ciências esotéricas e abordagem "Zen" aos esportes e à recreação. O segredo do sucesso da OSHO Multiversity reside no fato de que todos os seus programas se combinam com a meditação, amparando o conceito de que nós, como seres humanos, somos muito mais que a soma de nossas partes.

OSHO Basho Spa

O luxuoso Basho Spa oferece, para o lazer, piscina ao ar livre rodeada de árvores e plantas tropicais. Jacuzzi elegante e espaçosa, saunas, academia, quadras de tênis... tudo isso enriquecido por uma paisagem maravilhosa.

Cozinha

Vários restaurantes com deliciosos pratos ocidentais, asiáticos e indianos (vegetarianos) – a maioria com itens orgânicos produzidos especialmente para o Resort OSHO de Meditação. Pães e bolos são assados na própria padaria do centro.

Vida noturna

Há inúmeros eventos à escolha – com a dança no topo da lista! Outras atividades: meditação ao luar, sob as estrelas, shows variados, música ao vivo e meditações para a vida diária. Você pode também frequentar o Plaza Café ou gozar a tranquilidade da noite passeando pelos jardins desse ambiente de contos de fadas.

Lojas

Você pode adquirir seus produtos de primeira necessidade e toalete na Galeria. A OSHO Multimedia Gallery vende uma ampla variedade de produtos de mídia OSHO. Há também um banco, uma agência de viagens e um Cyber Café no *campus*. Para quem gosta de compras, Puna atende a todos os gostos, desde produtos tradicionais e étnicos da Índia até redes de lojas internacionais.

Acomodações

Você pode se hospedar nos quartos elegantes da OSHO Guesthouse ou, para estadias mais longas, no próprio *campus*, escolhendo um dos pacotes do programa OSHO Living-in. Há além disso, nas imediações, inúmeros hotéis e *flats*.

http://www.osho.com/meditationresort
http://www.osho.com/guesthouse
http://www.osho.com/livingin

Para maiores informações: **http://www.OSHO.com**

Um *site* abrangente, disponível em vários idiomas, que disponibiliza uma revista, os livros de Osho, palestras em áudio e vídeo, OSHO biblioteca *on-line* e informações extensivas sobre o OSHO Meditação. Você também encontrará o calendário de programas da OSHO Multiversity e informações sobre o OSHO International Meditation Resort.

Websites:

http://OSHO.com/AllAboutOSHO
http://OSHO.com/Resort
http://OSHO.com/Shop
http://www.youtube.com/OSHOinternational
http://www.Twitter.com/OSHO
http://www.facebook.com/pages/OSHO.International

Para entrar em contato com a **OSHO International Foundation**: http://www.osho.com/oshointernational
E-mail: oshointernational@oshointernational.com

Impresso por :

Graphium
gráfica e editora

Tel.:11 2769-9056